做一个高效班主任

李德智 著

三辰影库音像电子出版社
北京

图书在版编目（CIP）数据

做一个高效班主任 / 李德智著 . —北京 ：三辰影
库音像电子出版社，2024.4
ISBN 978-7-83000-567-2

Ⅰ. ①做… Ⅱ. ①李… Ⅲ. ①班主任工作 Ⅳ.
①G451.6

中国版本图书馆 CIP 数据核字（2022）第 153720 号

做一个高效班主任

责任编辑：刘　聪
责任校对：韩丽红
出版发行：三辰影库音像电子出版社
社址邮编：北京市朝阳区金海商富中心 B 座 1708，100124
联系电话：（010）59624758
印　　刷：三河市龙大印装有限公司
开　　本：710mm×1000mm　1/16
字　　数：198 千字
印　　张：11.25
版　　次：2024 年 8 月第 1 版
印　　次：2024 年 8 月第 1 次印刷
定　　价：68.00 元
书　　号：978-7-83000-567-2

自 序

　　2016年，在人本主义心理学理念的指导下，我在班级管理中尝试探索高效管理的方法，在摸索实践的同时，记录所思所想。三年来，在实践过程中，我的班级在各个方面都有所提升。毕业时，我的学生不仅取得了斐然的成绩，而且在各个方面得到了较为充分的发展。2019年，我开始整理这些文字，希望作为自己工作的一个阶段性总结。

　　在班级管理中，量化管理是常用的管理方式。但在量化管理过程中，学生的哪些行为应该量化，量化之后又该如何分析处理，进而助推学生发展？如何设定班级发展的重要目标？如何加强班级的过程性管理？班委成员积极性不高、执行力不强怎么办？如何召开高效的班委会？学生如何做到自我管理、自觉发展？针对这些问题，我结合实践进行了比较详细的论述。

　　本书主要从班级活动、关爱学生、品德培养、家校沟通等方面探索高效管理班级的方法，其中融合了卡尔·罗杰斯、马斯洛等人本主义心理学理论，这样的结合产生了奇妙的反应。

　　马斯洛认为，成长在于消除压抑和束缚，使个人得以做自己，得以如发光发热般将行为散发出来，得以使自己的本性自然流露出来。在现实生活中，家长和老师往往只看到孩子暴露出来的问题，但很少去探索问题背后的深层原因。只有我们站在孩子的角度思考问题，充分考虑孩子的个体差异，多了解一些他们的成长发展规律，才能真正做到以孩子发展为中心，帮助孩子充分认识自我，唤醒其内在的成长动力。

　　班主任运用高效的管理方式，把自己从琐碎繁杂的班级事务中解放出来，从而有更多的时间和精力提升自己。同时，班主任教育视野更加开阔，能够尝试从不同的视角观察、分析班级管理实践中的问题，从而不断优化自己的工作方式和思维方式。

向优秀的班主任学习班级管理方法是班主任管理能力提升的重要途径。尽管有些行之有效的方法可以直接运用到自己的班级管理中，但我们也会发现，有些方法用到自己的工作中效果不佳。究其原因，每个班主任都有自己的管理风格，如果盲目地将这些方法"移植"到自己的班级管理中，必然会出现"水土不服"的现象。但只要认真观察、思考，就不难发现那些行之有效的班级管理方法中的规律。我们可以在班级管理中运用这些规律，从而获得事半功倍的效果。

阅读是班主任提升管理能力的另一条重要途径。朱永新老师认为，一个人的精神发育史就是他的阅读史。班主任一定要多读书，因为阅读是站在前人的肩膀上看世界的好方法。通过读书，我们能够探索发现教育规律，能以正确的理论指导我们的班级管理工作。通过不断地实践和思考，我们会逐渐梳理出既符合教育规律又具有个人风格的班级管理思路。

通过实践，在遵循人本主义心理学理念的前提下，将"高效能人士的执行4原则"灵活运用到班级管理中，取得了非常理想的效果。从三年来的班级成长过程来看，这种管理方式是非常有效的，学生不仅成绩优异，而且在各种活动中展现出了积极向上、团结奋进的精神风貌。三年中，学生得到充分发展，有的成为学校社团的骨干，有的成为学生会的优秀干部。我的教育理念对他们的影响是深远的，很多学生进入高中后，仍然保持了较强的自觉发展的动力，在新的班集体中取得了优异成绩。

通过高效的管理，学生的自主管理能力和自觉发展能力得到了极大提升，形成了一种自觉向前、向上的动力，每学期都比上学期有进步，每学年都比上学年更出色，优异的毕业成绩是学生自觉发展的自然结果。

著名心理学家卡伦·霍妮说过："人，生而具有自我实现的倾向。如果移除了障碍，人自然地会发展为成熟的、充分实现自我的个体，就像一颗橡树籽成长为一株橡树。"这一观点启发我们，教育并不是一种建构、一种重建、一种操作，或者一种塑造，而是一种促进，它能够移除成长中的障碍，帮助个体释放一些本来就存在的东西。

真正的高效源于孩子自我认知的觉醒，当孩子在合适的环境中摆脱了成长中的束缚和障碍，班级便具有了强大的成长力量。而我所做的，就是通过班级环境的营造，努力唤醒孩子，帮助孩子重新认识自我，助推他们在发现自我的过程中不断成长。

2019 年 8 月 26 日

目 录

第一章

从烦冗走向简约：高效管理源于强大的执行力

每一位优秀的班主任都有独特的、行之有效的管理方法，这些方法中渗透着教育学、管理学、心理学理论的有效实践。

管理重在执行，学校、班级规章制度的落实离不开学生的执行。

有的班级管理是依靠班主任强大的权威和严苛的管理，将班主任的意志贯穿班级管理中，这种管理方式虽然见效快，但过分强调统一，经常忽略学生的个体性差异。

苏霍姆林斯基认为，没有也不可能有抽象的学生，每个孩子都是一个世界——完全特殊、独一无二的世界。学生所处的教育环境、所接受的教育方式及成长历程具有差异，因此学生的认知同样具有差异。如何在关注学生差异的基础上，提高学生的执行力，提升班级管理水平，是值得思考的问题。

雅斯贝尔斯指出，教育是指向人的，教育的根本目的就是人的发展。基于"人的教育"的独特性，通过实践，探索出一种既能助推学生个体自觉发展又能促进班级整体发展的管理方式。作为班主任，通过确立班级发展目标、关注引领性量化指标、创建合理的记分表格、实施班委问责制，逐步推动班级成长。在此过程中，学生对自己有了更全面、更深刻的认识，得到了较为全面的发展，班干部的能力也得到充分提升。

一、精准定位班级管理目标

班级管理的目标是什么？一个优秀的班主任肯定有非常清晰的班级发展目标。当然，不同风格的班主任目标不同，但首先不能偏离育人这一目标。

《中华人民共和国义务教育法》总则第三条指出："义务教育必须贯彻国家的教育方针，实施素质教育，提高教育质量，使适龄儿童、少年在品德、智力、体质等方面全面发展，为培养有理想、有道德、有文化、有纪律的社会主义建设者和接班人奠定基础。"这是宏观的目标。

现实情况是，很多班主任将提高学生的学业成绩作为班级发展的重要目标。

将提高学生的学业成绩作为班级发展的重要目标并没有错，虽然不少人对此颇有微词，但是如果把成绩视为班级发展的唯一目标就偏颇了。教育培养的是德、智、体、美、劳全面发展的人，因此我们要以立德树人为根本目的，力争在"育人"和"育分"之间找到平衡点。

昔日有孟母三迁，今日有择校而学，这无疑是对优质教育环境的追求。此现象从侧面提醒我们，优质的教育环境是促进学生发展的重要因素。优质的教育环境包括干净整洁的卫生环境，良好的纪律环境，民主平等、相互关心的同学关系及良好的师生关系，积极向上的学习氛围。

根据马斯洛的需要层次论，人类的需要分为生理需要、安全需要、社交需要、尊重需要和自我实现需要。

生理需要是人类最原始、最基本的需要，如吃饭、穿衣等。随着社会经济的发展，大多数学生的生理需要能够得到满足。

安全需要包括劳动安全、生活安全等。对学生来说，安全需要主要包括人身安全和心理安全。学生的健康状况通常是不需要担忧的，但我们不能因此就认为学生的安全需要已经得到了满足。在现实的班级管理中，很多不当做法对学生的安全不利，如各种关于成绩和纪律的评比等，这样的竞争仅能让一部分成绩较为优异的学生获得认可，而另外一部分学生可能会丧失安全感。

社交需要是指个人渴望得到家庭、朋友、同事的关怀、爱护、理解，是对友情、信任等的需要。社交需要比生理需要和安全需要更微妙、更难以捉摸。在学校里，学生以课间活动、小组合作、宿舍生活等方式社交。作为班主任应当关注学生之间的摩擦，当学生之间发生冲突时，要站在客观的角度帮助学生分析事情的经过，发现自身的问题，引导学生主动意识到自己的错误且主动承认，这样的成长远远胜于班主任对学生的严厉批评和反复说教。

尊重需要主要包括自尊和来自他人的尊重。在班级管理过程中，可以通过一系列活动来满足学生的这种需要。例如，举行班委竞选活动，让学生感受到自己是班级的主人，感到被接纳、被认可；鼓励学生参加适合自己的社团，让学生发挥特长，从而感受自己的价值；实行值日班长制度，给学生参与班级管理的机会；举办丰富多彩的活动，如跳绳比赛、排球比赛、课外拓展活动、走廊文化设计、演讲比赛和辩论赛等，让学生在活动中展示自己的特长，发现自我。

自我实现需要是最高等级的需要，是一种创造性的需要。具有自我实现需要的人，往往会竭尽所能，实现自己的理想和目标，从而获得成就感。通常情况下，在前四个层次的需要得到满足后，自我实现需要才会成为学生发展的必然需要。具有自我实现需要的学生在班级里会主动调整自己的行为习惯，表现出极高的学习主动性。

需要层次论认为，人人都有需要，只有较低层次的需要基本得到满足后，较高层次的需要才会成为主要目标，只有未满足的需要才能显示出其激励作用。

综上所述，班级管理的目标应聚焦在为满足学生自我实现需要而创造良好的班级环境上。只有聚焦于创设优质的班级环境这一重要目标，班级管理才不会迷失于日常事务之中。

二、完美的结果源于完美的过程：关注班级管理的引领性指标

班级管理工作十分繁杂，班主任常处于处理问题—发现问题—处理问题的循环往复中。如果班内同时发生多件事情，班主任往往会有焦头烂额、力

不从心的感觉。

面对繁杂的事务，班主任可能会在忙乱之中做出错误的判断，采取错误的处理方式。那些天天忙着"救火"的班主任被称为事务型班主任，这种类型的班主任，整天忙忙碌碌，繁杂事务充斥着他们的生活，有时甚至连备课的时间都不够。

班主任的工作千头万绪，怎样做才能抓住关键问题，推动班级的发展呢？

《周易》有言："穷则变，变则通，通则久。"不做出改变，班主任的工作就可能陷入困境，唯有在困境中努力思考，勇于做出改变，才能将班级管理工作做到游刃有余。

班主任如何由事务型转变为管理型？

班主任要善于找出关键问题，集中精力，重视引领性指标，通过巧妙利用引领性指标，激发学生的内在动力，推动班级发展。

1. 引领性指标及其特征

《高效能人士的执行4原则》中提到的第二条原则是关注引领性指标，即"要在可以驱动你的引领性指标的事情上倾斜资源，这样就可以为实现滞后性指标提供支持"。以班级卫生管理为例。学生脚下垃圾比较多，学习用品、卫生工具摆放混乱，班主任多次提醒但效果不佳。一般的做法是，班主任找到卫生委员，说明情况的严重性，然后帮助他制定标准，要求卫生委员检查督促，确保卫生整洁。

卫生情况不是引领性指标而是滞后性指标，那么什么是滞后性指标呢？

《高效能人士的执行4原则》中说："滞后性指标，是指那些为了达成最重要的目标而进行的跟踪性指标。对于这些指标，大家往往会花费很多时间去祈祷能够得到好的结果。……当你得到这些结果的时候，导致这些结果的事情早已结束。"

由上文可知，滞后性指标相当于"结果"，引领性指标相当于"过程"。以此来看，班级管理中充满了滞后性指标，如班级成绩提升、课堂纪律良好、宿舍纪律良好、教室宿舍干净整洁、跑操队伍整齐、学生品行良好等。

关于引领性指标，它有两个显著的特征（见表1-1）。第一，引领性指标具有预见性。一旦引领性指标发生变化，我们就可以推断出滞后性指标的变化。第二，引领性指标是动态的。学生行为的变化可以促使引领性指标发生变化。

滞后性指标主要是用来衡量目标是否达成，而引领性指标主要是关注那些可以促使目标达成的事情，而且是我们可以对其进行有效影响的事情。

表1-1　指标特征

引领性指标	滞后性指标
预见性 动态性	衡量最终目标

例如，班级卫生管理问题，运用引领性指标来指导卫生委员，可以这样做：

①小组长每天自查一次本组卫生情况。

②卫生委员每天检查卫生工具的摆放情况，及时提醒、记录。

③每周五下午由卫生委员组织部分同学检查各小组卫生情况，记录问题并通报，督促小组成员整改。

执行一段时间后，班级卫生有了很大改善，同学们脚下的垃圾少了，学习用品、卫生工具也摆放整齐了。

如果我们设定的目标是班级卫生整洁，那么这仅是一个滞后性指标，它只是告诉我们是否达到了目标，而引领性指标可以告诉我们怎样做才有可能达到卫生整洁这个目标。

在班级日常事务管理中，可以运用引领性指标，跟踪那些对达成最重要目标具有强大推动作用的行为。

2. 引领性指标在班级管理中的应用

在将"为学生创设良好的学习环境"作为班级管理重要目标的前提下，可以将规范班级纪律作为管理重点。

为何将纪律作为班级管理的重点？"不以规矩，不能成方圆"。良好的纪律是学习的保障，也是安全的保证。纪律是班级管理的基石，失去了纪律约束的班级无异于一盘散沙，有序和谐根本无从谈起。如果一个班级纪律涣散，学生就很难养成良好的习惯，当然也就很难将精力集中在学习上。所以，纪律问题是班级管理的重点。班级管理中经常是老师千方百计地维持纪律，学生却在有意无意地"挣脱束缚"。班主任该如何做才能让学生心服口服地遵守纪律呢？

首先，要避免"贴标签"。

要明确一个观点——学生是正在成长发展中的人，犯错不可避免。作为教师，应该尊重孩子的成长规律，着眼于孩子的成长，契合自然发展的规律。

班主任在管理纪律时容易出现"贴标签"的行为，学生犯一次错或是连续犯几次错，就容易被贴上纪律不好的标签。其实，每个学生都有自己独特的成长经历，部分学生犯错的原因是习惯问题而非道德问题。因此，不能因学生一次违纪或多次违纪而苛刻地批评、指责他，而是应该通过善意地提醒、引导，帮助他们意识到问题所在并改善行为习惯，使其自觉反思，从而遵守班级、学校纪律。

其次，纪律的管理要着眼于学生的自我成长。

卡尔·罗杰斯在《论人的成长》中说："相信每个个体内在都有自我实现的趋势——一种内在的朝向成长和完善的倾向。"要相信学生在良好的环境中具有完善自我的能力，因此在管理纪律时要着眼于学生的长远发展，尽量给予学生自我反思、成长的机会。纪律管理的根本目的在于帮助学生认识自我，养成良好习惯，不断成长。

纪律管理更应该注重量化过程。

量化管理是班主任常用的管理方法，但不少班主任在运用量化管理时效果不佳，其原因主要有两点：一是忽视了量化管理的终极目标；二是只关注滞后性指标，忽略了引领性指标。要提升量化管理的效果，应该将量化管理的终极目标定位在"助推学生成长"上，而不是把量化管理作为批评学生的工具；同时还要注意量化管理的过程，在量化管理中引导学生发现自身问题，促使其主动改变。

（1）引领性指标的特点及其意义

引领性指标具有预见性，并受人为因素影响，且是长期指标，值得量化评价。

在学习习惯培养、纪律管理和卫生管理中都可以运用引领性指标，提高班级管理的工作效率。但在运用的过程中发现，引领性指标跟我们的直觉是相悖的。例如，生活中经常看到这种现象：家长只关心孩子的考试成绩而忽视了孩子日常行为习惯的培养，如同减肥的人只关心体重数字而忽视日常饮食。班级管理中也存在类似的问题——只关心班级的成绩却忽视了纪律管理和学习习惯的培养。

优秀的成绩源于良好的学习习惯和持之以恒的精神，但是有多少人能够坚持每天记录、反思自己的学习习惯和学习状态呢？那些学习成绩不断进步的学生正是恰当地运用了引领性指标，及时记录、反思自己的行为。

把纪律管理作为引领性指标，是因为它对最重要的目标——为学生创设优质的环境具有预见性。

（2）引领性指标在纪律管理中的实施

在纪律管理过程中应用引领性指标，首要的是建立量化表格，量化表格必须清晰简单，能够让学生一眼就看出自己存在的问题。

一个让学生只知道量化结果的表格和一个让学生随时知道量化过程的表格对学生的影响是不一样的。当学生做某件事却不知道自己做得如何时，很容易对这件事失去兴趣，但是学生如果能看出自己做得好不好，他们就会及时做出调整并继续努力。

班级管理应当把学生完成的引领性指标和滞后性指标全部转换为看得见、摸得着的量化成绩。例如，在管理纪律时，为了让学生能够在表格上看到自己每天的纪律表现（引领性指标），也能够在周末看到一周内自己的纪律表现（滞后性指标），特制作了激励性记分表。这个记分表有两个特点：一是简单，一目了然；二是同时展示引领性指标和滞后性指标。

对于纪律管理，可实行值日班长制度，由值日班长负责记录班内的违纪情况，将违纪行为记录到班级日志上，并更新记分表。记分表张贴于大家容易看到的地方，每位同学都可通过查看班级日志了解自己的违纪情况。比如自习课，值日班长先提醒违纪同学，如果经过提醒，该同学仍不遵守纪律，值日班长就要把该同学的违纪事实如实记录到班级日志上，并在当天及时更新记分表。

表1-2中小明的"-2"是指他周一违纪2次，那么小明的违纪行为可以在班级日志中查到。

表1-2　班纪律量化表

姓名	周一	周二	周三	周四	周五	汇总
小涛	—	-1	-1	—	—	-2
小曦	—	—	—	—	—	—
小依	—	—	—	—	—	—
小文	—	—	—	—	—	—
小明	-2	—	—	—	-1	-3
小刚	—	-1	-3	-2	—	-6
小镇	—	—	—	—	—	—

（3）及时跟踪引领性指标数据

只有持续不断地跟踪引领性指标，根据出现的各种情况对学生进行提醒和教育，才能逐步引导学生养成良好的行为习惯。以班级纪律管理为例，可采取以下行动。

①值日班长负责每天记录违纪情况并及时提醒个别违纪者。

②每周由纪律委员总结、反馈纪律情况，并由班主任约谈个别违纪次数较多者。

对于个别违纪次数较多、问题较为严重的学生，班主任可以约谈其家长，了解学生家庭教育环境及其先前的学校教育背景，与家长配合，一起帮助学生成长。通过对引领性指标的监控和评测，班主任可以对有不良行为习惯的学生进行有针对性的教育，从而助推大部分学生自觉优化行为习惯，维护班级秩序。

在运用引领性指标后，班级的纪律情况有了明显改善。可以看到，引领性指标的运用让我们更加关注教育过程，唤醒了学生的自我约束意识，提升了自我管理能力。

因此可以说，关注引领性指标是班主任由"事务型"走向"管理型"的必由之路。

三、班级管理过程数据化：合理利用记分表

1. 慎用记分表

班主任喜欢用表格来记录学生的学习、纪律、卫生等方面的表现。设计表格的目的只有一个，那就是激励学生搞好学习、纪律和卫生。

在这个过程中，班主任不能只关注学生的成绩和纪律、卫生的评比结果，而忽略学生的心理感受和心灵成长。

如果学生发现自己的努力仅仅是呈现在表格上的数字时，他们就会对表格失去兴趣。长此以往，学生会对评比的事情不再敏感。因此，在运用表格的过程中要充分考虑学生的心理特点和年龄特点。

2. 采用激励性记分表

实践发现，激励性记分表能够鼓舞士气，激发团队成员的斗志。因此，设计一个激励性记分表可以让每个学生随时获知自己或自己团队成绩的量化结果。但设计激励性记分表需注意以下两点。

（1）结构简单，一目了然

从篮球赛为例。篮球赛的记分表简单明了，只记录比赛双方的比分、剩余时间、节次、进攻时间、犯规次数、剩余暂停次数，这些是球员在赛场上必须知道的数据。

同理，班级的记分表只需要简单的几项关键数据，没有必要设计得太复杂。例如，关于宿舍卫生记分表，内容只列宿舍长姓名、星期、得分即可，学生可一眼就能看出各宿舍当日的得分情况，简洁明了。

表 1-3　宿舍卫生记分表

宿舍记分表						
宿舍长	周一	周二	周三	周四	周五	平均分
小原	9	8.5	7.5	8	8.5	8.3
小天	6	7.5	8	9	8.5	7.8
小生	7	8	9	7.5	7	7.7
小越	9	8.5	8	7.5	8	8.2

另外还有纪律记分表，内容包括姓名、违纪次数和时间，学生一眼就可以看出一天及一周的违纪情况。

设计合理的记分表应该让学生一眼就能看出自己的优缺点，所以设计要简洁。同时，记分表要张贴到容易被每个学生看到的位置，便于学生随时查看自己的分数。

一目了然的记分表可以增强学生的责任感，因为每个学生都可以从记分表上看到自己在班内的情况。

（2）同时展示引领性指标和滞后性指标

记分表中应该同时展示引领性指标和滞后性指标，引领性指标可以影响每个学生的行为习惯，滞后性指标则是班级最终想要达到的目标。

要让学生能够同时看到这两个指标，否则很容易失去兴趣，只有同时看到这两个指标，他们才能感受到自己的变化。所以，在检测学生语文基础知识时，采用了记分表的形式（见表1-4），通过记分表，学生基础知识的掌握情况一目了然。

表1-4中，全部正确记100分，错一个减1分。学生要想得100分，就需要在平时认真努力。五次听写后统计一次分数，五次听写都得100分的同学，说明学生在阶段性测试中取得了优异成绩，学生因此而更加关注引领性指标。

阶段性测试成绩就是滞后性指标，这张记分表就可以让学生看到自己做了什么（引领性指标——日常落实情况），得到了什么结果（滞后性指标——测试分数）。一旦学生发现由于自己在引领性指标上的努力带动了滞后性指标的前进，他们就能在记分表的数据中直观地看到自己的进步，然后就会全身心地投入学习中。

表1-4 语文听写记分表

姓名	9月3日	9月5日	9月8日	9月10日	9月12日	汇总	……	……	……	阶段测试
小哲	100	100	100	100	100	100				
小晓	100	100	100	-1	100	-1				
小杰	-1	100	-2	-4	100	-7				

续表

姓名	9月3日	9月5日	9月8日	9月10日	9月12日	汇总	……	……	……	阶段测试
小云	100	100	100	100	100	100				
小明	-1	100	100	-3	100	-4				
小栋	100	100	100	100	-2	-2				
小凯	100	100	-2	100	100	-2				
小铭	100	100	100	-3	100	-3				
小莹	100	100	100	100	100	100				

综上，激励性记分表能让学生及时发现自己的问题并做出调整，从而提高自我认知，帮助学生对自己做出正确的评价，有利于自身成长。

3. 使用计分表的根本目的

设计一张记分表很简单，关键是设计记分表的目的及如何利用。

运用表格管理的优势在于，不以学生一次或几次的行为来评价学生，而是不断地引导、督促学生发展，给予学生成长的机会，尽量避免给学生贴标签。

运用记分表的根本目的是帮助学生发现问题，促进学生成长。而班主任运用记分表上的数据时，必须改变不能容忍学生犯错的态度。班主任需要观察的是学生在某一段时间的表现，而非某一刻的表现。对于有缺点的学生，班主任要提醒、引导并提出期望，关键是帮助学生通过数据认识自己、反思自己，及时纠正不良的行为习惯。通过数据分析，对故意犯错、严重违纪者，班主任须及时予以严肃处理。

使用激励性记分表后，学生更加关注自己的日常行为及对班级的影响，更加关注自己在学习、纪律、卫生方面的表现，在各种活动评比中取得优异成绩，由此看到了合理利用激励性记分表获得的良好效果。与此同时，班主任也从学生纪律问题、卫生问题等繁杂事务中摆脱出来，有更多的时间阅读思考，进一步提升自己。

采用激励性记分表的方法，帮助学生养成行为习惯，以达到班级、学校的要求。在此过程中，学生自觉改变、提升，班级随之成长发展。

因此，使用激励性记分表是班主任成为一个管理型班主任的重要条件。

宿舍卫生的管理

在寄宿制学校，宿舍管理是班级管理中的一项重要内容。规范的管理不仅能让学生生活愉快，还能展现班级学生的精神风貌。但第一学年，本班的宿舍卫生较差，在评比中一直处于后位。

第二学年，在宿舍管理中运用"高效能人士的执行4原则"，班级宿舍卫生成绩排名由后三名进入前八名，半个学期后，宿舍卫生成绩稳定在年级前三名。

宿舍管理员每天上午八点公布宿舍卫生成绩并写明扣分原因，每周汇总一次成绩，按平均分排名。总结发现个人内务是扣分的主要原因。据此，班主任可以设置"两步走"计划，即先抓个人内务，再抓宿舍打扫质量。

每周的排名是滞后性指标，每人每天的内务扣分和宿舍卫生得分是引领性指标，只有引领性指标发生改变，宿舍卫生排名才会改变。

第一阶段，重点抓内务整理。设计了一张宿舍记分表，由生活委员每天更新宿舍卫生得分，同时记录当日内务扣分的学生名字及扣分原因。这样，每个学生都能看到自己宿舍当天的卫生得分及本人的扣分情况。

召开宿舍长会议时，要求宿舍长关注每天宿舍卫生扣分情况并依据记分表找到相关同学，宿舍长督促其整改。宿舍长要分析扣分原因，提出解决意见。对个别在内务整理方面有困难的同学，宿舍长可以安排一名同学予以帮助指导。

两周后，学生内务扣分的情况大量减少。

第二阶段，将打扫情况纳入引领性指标。每个同学都能在记分表中一眼看出宿舍得分、个人内务扣分，以及个人值日扣分情况。

引领性指标让学生明确地知道，自己应当在哪些方面继续努力才能推动宿舍成绩提升。

一个月之后，本班宿舍卫生成绩便上升至第八名，半个学期后，跃居前三名。

在这个过程中，灵活运用了"高效能人士的执行4原则"，即：

聚焦最重要目标——为同学们创设良好的生活环境。

关注引领性指标——学生每日内务扣分、每日宿舍卫生得分。

合理利用计分表——学生一眼就能看出自己的得分及对宿舍卫生成绩的影响。

实施问责制——定期召开宿舍长会议。

四、建设"离开了自己也能照常运转"的班级：实施班委责任制

如何建立班委问责制？先从外出学习一事说起。

1. 外出学习，提心吊胆

那年五月份我要去南京学习五天，安排好代班老师后就出发了。第一次在担任班主任期间外出这么长时间，总担心班里会出什么问题。这期间，班长只给我打了一个电话，汇报说班内情况一切正常。

回校后已经是晚上八点左右，看到学生正在安静地上自习，心里的一块石头落了地。班委向我反映："老师，这几天同学们表现挺好，纪律也不错，偶尔出现问题也是常见问题，比如有些同学在外堂纪律比较散漫。"

第二天，我找级部领导汇报工作，领导说："据观察，你不在学校的这几天，班级情况还不错。"

听到学生的汇报和领导的反馈，我悬着的一颗心终于放了下来。

2. 建立班委责任制（定期召开高效的班委会）

外出回来的第二天，我要求班委整理最近一周的工作并对下一周的工作做一个计划。

以下是班委会部分内容。

班长：我和副班长完成了级部布置的工作，如传达及时关闭班内电器的要求、提供安全小卫士名单等。在班级管理方面，及时帮助、督促指导其他班委的工作。

纪律委员：我认真督促值日班长，检查其工作，值日班长在工作中出现了一些问题：在记录班级情况时个别值日班长不够负责，有偏袒的现象，下一步我将督促值日班长及时更新记分表。

　　体育委员：上周我主要负责带操，在跑操过程中对同学们的提醒还不够，出现几次因为同学摔倒引起混乱的情况。大课间的排球训练正常进行，为下个月的排球比赛做准备。组织同学们上外堂时，我认为自己还存在管理不足等问题。

　　卫生委员：我认真及时安排卫生打扫任务，按时关闭班内电器，不过我有一次忘记关闭风扇，被学校通报，下一步我将进一步提高这方面的意识。大休放假前认真组织同学打扫卫生。

　　团支书：我的主要任务是协助班长的工作，帮助班级管理男生宿舍。经过提醒，同学们已经能够在熄灯前保持安静。

　　…………

　　最后，班委又汇报了下一步的工作计划。

　　我首先肯定了他们的工作，并且进行了点评：班级纪律方面，加强对个别纪律问题较严重的学生的提醒；卫生打扫方面，及时并且整洁；课外活动方面，确保安全不混乱；作业内容方面，学习委员要提醒到位；班级其他事务方面，班长负责，及时处理。

　　以上是一次简短的班委会。在点评时，我时刻注意引导班委将自己的工作与"班级引领性指标"结合在一起，帮助他们认识自己的工作对班级引领性指标（帮助学生改变不良习惯，养成良好习惯）产生了多大的推动作用。

　　在班委会中，每一个班委都对推动最重要目标的记分表负有责任。班委需要针对一两项直接影响引领性指标的事情做出计划，并在下一次会议中向班主任汇报完成情况。

　　伟大的团队有高水平的责任机制。如果没有责任机制，每一个人都去做自己认为最重要的事情，重要目标很快就会被日常事务所取代。

　　规律问责下的班委会与以前的班委会不同。

　　传统的班委会，其责任分配是自上而下的。班主任点评班委的工作，并安排下一步重点做什么。

　　责任机制下的班委会，它的责任分配是全体班委共同参与的，班委做出计划，向班主任负责，最重要的是每个人负责到底。责任制意味着班委要对自己的工作做出计划，推动引领性指标，然后像遵守纪律一样坚持到底。

3.责任机制下班委会的特点

（1）重要目标会议的召开时间须固定

固定时间召开班委会是必要的，不然班级就无法建立可持续的执行规律。如果班委会没有规律，会导致班级良好势头中断，从而影响最终结果。因此，班委会必须定时召开。时间上，可以利用学生返校后的时间召开班委会，提前一天告知班委准备材料。定期召开会议，有助于班委保持对主要目标（打造优良的班级环境）的聚焦，如果有重要的事情需要布置，班主任也可以随时召开班委会。

（2）不要把日常事务带到最重要目标会议中来

召开班委会时，只讨论与推动引领性指标有关的行为，避免或不讨论与重要目标不相关的事务。比如纪律方面，纪律委员提到，个别同学的违纪次数有所下降，班级总违纪次数也有所下降，应该继续坚持值日班长制度，及时纠正个别学生的不良习惯。这些事项是需要讨论的。再如个别同学之间的小摩擦、矛盾等，这些事项可以放在会后单独讨论。

高效的班委会主要议程是不变的，以下是最重要目标会议的三个必要组成部分。

①各自责任：汇报工作计划完成情况

作为班委成员，做了哪些职责内的事情？

班长、副班长：我们认真完成班内上传下达的任务。本周主要完成了《致家长的一封信》的收发、意外保险费用的收取、各种社团通知的下发、及时提醒同学注意纪律、总结汇报上周各宿舍的分数并对表现优秀的宿舍进行表彰，每天及时提醒宿舍长更新宿舍记分表，给其他班委提供指导、建议。

纪律委员：我负责管理做眼保健操、看新闻期间的纪律，每晚及时更新纪律记分表，指导值日班长的工作。对上周纪律表现不佳的小彤、小林和小建分别进行了谈话，并且对他们提出了要求。

卫生委员：我负责督促检查值日生打扫卫生，安排周二的劳动日任务。同学们离开教室后，我最后离开，确保教室内电器全部关闭。

体育委员：我主要负责班级集队，组织上下午的跑操活动及大课间活动，本周主要任务是发动同学参加体育节并汇总体育节报名。

文艺委员：我本周完成了国庆手抄报的张贴和组织国庆合唱节的训练。

②分析记分表，寻找成功和不足

纪律委员：上次记分表中显示，违纪较多的某同学违纪次数在20次左右。这次记分表显示，同样时间内，该同学违纪次数在15次左右，总体有所下降。但有个别同学不服从管理，希望班主任单独找其谈话。在我的督促和提醒下，做眼保健操及看新闻时的纪律有所提升。另外，有一部分同学课间扎堆谈论网络游戏，需要进一步提醒。

体育委员：在组织队伍时个别同学不服从管理，互相打闹，集合速度较慢。

卫生委员：个别同学做值日不够认真。

③计划：清除障碍，制订新计划

班委怎样做来改善现在的情况？

纪律委员：我准备与个别违纪次数较多的同学谈话，如果效果不好，再向班主任汇报。班内出现扎堆谈论网络游戏的现象，希望班主任在班会上提醒。

体育委员：我准备找不服从管理的同学谈话，多次提醒后仍不改的，由班主任来解决。

卫生委员：我准备多提醒、多检查，督促值日同学认真打扫。从本周的级部通报来看，我们班的桌椅摆放不够整齐，我会提醒同学们在课前摆正桌椅。

…………

召开班委会时，我要求班干部要时刻牢记自己的职责，遇到困难时，及时寻求班主任的指导、帮助。例如，纪律委员在多次提醒个别同学后，该同学仍存在故意违反纪律的情况，班主任要及时介入，指导并协助纪律委员解决问题。

高效的班委会，需要抓住重要目标，关注引领性指标，合理运用记分表，对班委成员规律问责。这样才能尽量减少日常事务对班级重要目标的影响，从而达到高效管理班级的目的。

运用这些原则既能引领班级朝着既定的目标前进，又能锻炼、提升班干部的管理能力，班主任也能从繁杂的事务中抽身出来思考更多的事情。

五、高效源于执行：优秀班干部谈高效

　　三年的时光如白驹过隙。在高效管理模式下，学生健康成长并取得优异成绩。班干部是我的左膀右臂，他们在班级的建设和发展中做出了重要贡献，同时也因获得了很多锻炼的机会而快速成长。中考结束后，我向班干部发出邀请，请他们从自己的角度谈谈对班级管理的看法、感想和思考。班干部积极响应，仔细回忆班级发展的点点滴滴，从不同的角度记录、梳理了班级建设和发展的历程，也记录了自己在高效班级管理模式下的成长。

　　温暖真挚的文字令我感动。班干部既是班级管理理念的执行者，也是班级管理的对象。从他们的角度回顾班级管理，我对班级管理有了更多的思考和感悟。

感 谢 遇 见

　　面对分别，首先说一句"感谢遇见！"感谢遇见稼轩学校，感谢遇见弘雅1班，感谢遇见敬爱的班主任，感谢遇见可爱的一班同学，也感谢遇见了更好的自己。

　　三年来，我不断成长。尤其是担任班委以来，我的个人能力得到了很大的提升。我在班里担任副班长一职，平时协助班主任、班长处理班里各项事务，并轮流去开会，以及组织各种活动。这些事情虽不算大，但非常琐碎。为了各项活动的顺利开展和班级正常运转，必须对同学们日常的行为提出严格、细致的要求。班委会主要围绕两个方面展开：一是同学们的日常行为规范，二是活动安排。就厕所卫生维护这个问题，级部曾多次召集班长讨论，要求班长在班里定期强调。类似的还有着装问题、宿舍卫生问题等。我曾经为因开会而耽误自习苦恼过，幸运的是得到了班主任的理解，他不但给予我鼓励，而且还给我提出了更加合理的方案，帮助我平衡学习与班级管理工作之间的关系。

　　作为班委，三年来，我学会了遇到问题主动寻求解决办法，学会了如何与同学、班主任沟通协调，也懂得了责任。我会在开完会后，最后离开会场并把会场的座套整理一遍，把礼堂卫生检查一遍。我懂得了合作，也懂得了

如何协调学习与班级管理工作之间的关系。

三年来，班主任的一些理念逐渐渗透到我们的班级管理中，渗透进学生的发展中。

（1）从班级管理角度来看

①班主任自始至终都秉承这样的管理理念：为同学们营造一个良好的学习环境

是的，环境支持人的发展。以平等和尊重为基础，我们通过投票的形式，选出了班委成员。公正公平的选举有利于班委工作的开展。班委是同学们选举出来的，所以班委具有极强的责任心，能在自己的岗位上积极努力工作。在班委的共同努力下，我们班取得了许多值得骄傲的成绩。

②召开高效班委会

班主任每周召开一次班委会，要求每个班委对自己负责的方面发现的问题提出解决方案。这潜移默化地培养了我们的主动意识，主动发现，主动思考，主动寻求解决方法。我们不需要事事担责，但须切实做好本职工作。以宿舍长的责任为例，每个宿舍的同学性格各异，习惯不同。有些积极上进，有些比较懒散。宿舍的个人内务和卫生都由宿舍长负责督促检查，督察组每天检查、公布卫生纪律情况。班主任处理违纪行为是客观公正的，他不会直接把过错加在宿舍长身上。若宿舍长提醒到位，认真督促检查，自然没什么错。倘若宿舍长没有做好提醒监督的工作，宿舍长就是第一责任人，必须承担相应责任。作为宿舍长，我认为这样的规定非常合理。如果一味地把责任归到宿舍长身上，反而会导致宿舍长失去工作的动力和信心。班委始终有这样一个想法：各司其职，执行到位。班委执行落实到位，虽然仍有同学违纪，但次数会大为减少。高效的班委会提升了班级管理效率。

③重在执行落实

宿舍卫生、教室卫生、大课间活动等，一遍遍强调纪律都不如督促反馈更加有效。以打扫宿舍窗台为例，我和其他宿舍长不止一次被班主任召集讨论此事。虽然天天强调卫生，但落到实处是最困难的。作为宿舍长，我必须亲自去摸一遍，才算落实自己的工作。除此之外，纪律、学习方面也要重视落实，才能取得良好效果。

④量化机制，用数据客观评价学生

教室里有纪律统计表、听写情况记录表、宿舍成绩表等。相较于传统的管理，量化评价有其特有的优点。学生的行为被量化，他们能从表格的数据上及时了解自己的状态，从而及时反思、调整。

量化机制不仅可以让班主任更为准确地掌握学生情况，而且也可以帮助学生进行自我反思。有的同学成绩下降，只要他打开值日班长日志，翻看一下自己最近的表现，就明白自己成绩下降的原因了。值日班长每天都在轮换，如果自己的名字反复出现，无疑说明自己确实存在问题。因此，这样的量化评价更为客观、有力。

（2）从个人成长角度来看

①班主任对犯错的处理方式

对于犯错，大多数学生心中都有与"犯错"画等号的词语，比如挨训、被罚。家长、老师的批评指责无疑会让犯错的学生慢慢选择逃避。因此，学生往往会选择狡辩或者撒谎，不敢承认错误，更不要说改正。

"你们可以犯错，因为你们还是孩子，大人都会犯错，何况你们。""犯错可以，但是必须主动找老师承认错误。"这是我在学校听到的最为暖心的几句话。作为一个孩子，老师处理"犯错"的方式直接决定我们面对错误的态度。

班主任始终从学生的成长角度来处理问题，他经常说的一句话就是：知错就改，善莫大焉。

我们犯错后虽然很少受到批评，但每次灰溜溜地走进办公室时，我们都是惭愧的、自责的。老师的平静恰恰能让我们意识到自己的错误并主动改正。这是一个良性的循环，犯错的学生会在改正错误的过程中成长。

犯错是不可避免的，重要的是我们如何去对待错误。

②听故事，悟道理

班主任经常给我们讲名人故事、心理故事，帮助我们调整状态，如瓦伦达走钢丝的故事、王阳明格竹子的故事、名人创业的故事。他还给我们介绍刻意练习的方法和什么是成长型思维等。

班主任想让我们领悟到什么呢？那就是：有强大而平静的内心；专注于一件事，心无杂念；为值得付出的事全力以赴，力求完美；有意识地重复做自己不擅长的事;对待学习,拥有一个平静的内心世界,不要过分在意名次。

(3)自我管理,自觉发展,自我实现

经过初中三年,我逐渐明白,外界的力量确实能对我们的成长发展起着不可忽视的作用,但最重要的是让自己内心变得强大。

正如班主任所说:外界的督促会让我们变得比较优秀,但是真正的顶尖人才所依靠的是强大的自律。随着年龄的增长,我们应该学会管理自己,也应该发现更好的自己,并努力实现自我。

最后,再说一句,谢谢稼轩学校,谢谢所有教过我的老师以及陪我走过这三年的同学们,是你们让我遇见了更好的自己!

作者:小策

以下是班主任的评价。

小策同学从初一至初三上学期是副班长。初三下学期,班长进入奥赛班学习,小策接过班长的重任,在关键的初三下学期引领班级继续前行,她认真负责,为班级做出了很大贡献。

小策的总结内容反映出班主任在实践中运用高效管理班级的法则:确定重要目标——创设良好班级环境,注重引领性指标——抓学生行为习惯,建立记分表——量化管理学生,实行责任机制——定期召开高效的班委会。

在坚持这种高效管理的模式下,班干部的能力得到最大化的提升,班集体展示出积极向上的精神风貌,整个班级得到了良性发展。

体委工作总结

初中三年让我收获了很多,我的心智更加成熟,在应对一些事时能够更加理智,运用更好的方法来解决问题。我的语言表达能力和管理能力也有很大提升,与同学交流沟通时得心应手,能够顺利完成老师布置的任务。

我负责班级里的体育活动,如日常跑操和一年一度的体育节。在工作中,我有时会遇到一些困难,如户外活动时纪律涣散及个别同学不服从管理的情况。此时须抓典型,反复强调规则。在工作中,要有自己的原则,要将工作规范化，在遇到问题时按部就班地处理，依照制度解决。如有违反规则、扰乱纪律的同学，一定要及时批评教育。在班级出现不良风气时，一定要及早整治，趁早应对。

在与班主任相处时，态度谦和、恭敬，交流时语气平和，表达清楚。老师布置的任务按时完成，老师的指导要领会并加以运用。在与同学相处时，懂得什么时候放松、什么时候严肃，做到宽严并济。

通过三年班干部的工作，我积累了许多宝贵的经验。在工作中，首先要制定一套清晰明了且行之有效的规则，并严格执行；建立自己的权威，得到同学们的信任。当一切都步入正轨时，剩下的事就是按部就班地进行日常管理，及时了解班级的动向，纠正一些同学的不正当行为，使整个班级保持良好的风气。

但我自身还存在一些问题，因为管理不到位，导致一些问题没有及时解决。例如，没有有效遏制一些同学的违纪行为，导致整个班级出现了纪律涣散、难以管理的情况。这是因为我在班级纪律涣散时放任不管，也没有及时采用老师提出的建议和解决方案，导致部分同学养成了不良的习惯，之后再纠正便较为困难。

班主任管理班级从不实行严厉的惩罚措施，只是针对班上的具体情况制定具体的规则，如有违反，大多是批评教育。我们班级还早早地设立了值日班长制度，同学们轮流做班长，这样既能保证公平，又避免了一些矛盾冲突，还能锻炼每个同学的能力，一举多得。此外，我们班干部实行责任制，明确每个人的职责和任务，只要严格执行规则，圆满完成任务即可。若遇到职责之外的事情，则交由班主任处理。每周召开班委会，由班长负责记录，写下每个人一周完成的工作、发现的问题以及未来的计划。总之，将一切事务条理化、制度化、规范化，责任到人，分工明确。

班主任也非常重视同学们的道德与文化修养，会举行一些课业之外的活动来提高同学们的修养，陶冶同学们的情操。班主任在初三之前对于我们的考试成绩并没有做太多要求，而是帮助我们养成良好的学习习惯。因为只有抓住根本，将来才会有好的结果。

作者：小烁

以下是班主任的评价。

小烁同学文武兼备，身体素质好，在跳高、跳远、接力比赛中表现得尤为突出。他组织能力强，初二、初三的体育节，老师完全放手给他，他运筹帷幄，全权负责，带领班级获得突出成绩。他谦逊、细心，具有超强的自觉发展和自我管理能力。

初一时，小烁同学曾多次提出辞掉体委的职务。那时班主任还没有在班内运用高效管理班级的方法，一有问题就推到班干部身上，班干部也很为难。当时老师也没有对班干部进行具体有效的指导，因此班长和体委多次向老师提出辞呈。这些事情也促使班主任积极反思，推动改变原先的管理思路和理念。

在竞选班委时，小烁同学积极参与竞选，正式当选体委，原先的班长也积极竞选，当选团支书。改变班级管理思路后，两位原先向老师提出辞职的班委的积极性极大地提高，能力也得到了很好的锻炼，他们在各自的岗位尽职尽责，为班级做出了很大的贡献。

（补记，2022年，小烁同学考入中国科技大学。）

纪律委员的总结

初中的三年时光如白驹过隙，如今我已经毕业，成了一名高中生。三年来，我成长了太多太多。在学习方面，最重要的是学会了如何学习、如何复习和如何查缺补漏。之前我认为学习就是听听老师讲课，做做习题，照猫画虎就可以了。但经过这三年，我明白了，学习不仅仅是听懂老师讲课，更重要的是要有自己的理解与思考，让知识彻底成为自己的。复习也是一样，要按照自身情况，有重点地落实。要在平时的练习、测试中发现自己的问题，并有意识地避免再次出现类似问题。切忌浮躁，有时出错不是坏事，要接受它们，不断地改正。再就是在人际交往方面。同学们同窗三年，同甘共苦，一起经历了各种大大小小的活动，结下了非常深厚的友谊。渐渐地，我懂得了团结为何物，懂得了坚持为何物，懂得了努力为何物。

非常荣幸，我当了两年纪律委员，还在初三接任了副班长的职务。担任纪律委员时，我的主要工作是管理班级纪律和督促值日班长的工作。从开始时的手足无措到后来的游刃有余，其间经历了一个漫长的过程。

一上任，面对班级混乱的纪律情况，我不知道该如何管理。后来，我先从同学们的情绪入手。在管理的过程中，不少同学情绪较为激动，不愿意接受管理和批评。所以我改变方法，避免用严厉、命令式的口吻，而是采用劝说沟通的方式，让同学们明白自己的行为影响到了他人和自己。这种方法很有成效，同学们逐渐接受了我的管理，并能自觉地遵守纪律。

我与同学们之间很少因管理而产生矛盾。督促值日班长的工作也是一项比较难的任务，因为大部分同学没有经验，也没有管理的意识，所以我要经常督促并协助他们管理。三年下来，我觉得每个人的管理能力和自觉意识都有所提升。

班主任也给予了我们班委很多建议与鼓励。他在管理方面给予我们很多自由，让我们根据自己的方式来管理。我很认同班主任的教育方式。每当有同学犯了错，他总是先搞清楚事情的来龙去脉，鼓励同学主动承认错误。当同学成绩不好时，他也是以鼓励为主，适当地提出一些建议。大多数同学在这种方式下，养成了主动认错、积极改正、奋力向上的好习惯。

班主任还经常以自身事例与书中的故事来教育我们，让我们受益匪浅。

三年的时间已经过去，我收获了成长。

作者：小斐

以下是班主任的评价。

与英语老师谈起小斐同学刚入学时的状态，英语老师说："记得刚开始时，小斐的状态不是很好。"小斐刚入学时并没有担任班干部，当班主任在班内实施高效管理后，学生的内在成长动力被激发，他们自觉地向更优秀的方向发展。

小斐就是一个很好的例子，她在班委竞选中脱颖而出，担任纪律委员，通过锻炼，快速成长。她责任心极强，在课前一支歌、做眼保健操、看新闻时，她积极站出来维持纪律，尽职尽责。她的学习能力也很强，在班主任教给她工作的方法之后，她能灵活运用，在管理纪律时得心应手。应该说，班级良好的纪律与她的努力是分不开的。

班长的总结

刚刚迈进稼轩大门时，我心怀激动和憧憬，见到了新的同学、新的老师，开启了美好的初中生活。

开学之后，班主任问有没有同学想协助老师管理班级事务。当时我并没有举手，因为小学出色的表现和优异的成绩，我理所当然地认为班主任会选我当班委。

然而，班主任并未选我做班委。

"当班委太耽误时间了，正好不干，还可以清闲清闲。"当时我这样安慰自己。但父母并不赞同我的想法，他们告诉我，当班委虽然比其他同学多付出一部分时间和精力，但能锻炼能力，应该去争取。所以，我在下学期班委选举时积极参与，并成功当选班长。

初任班长时，因威信不够，且前任班长表现优秀，以至于我在班里说的话几乎没有人听。这种感觉很难受，于是我向班主任寻求帮助。班主任先肯定我的工作，点明我的长处，并且十分耐心地给我指出班长工作应注意的事项。然后班主任告诉我，首先要以德服人，在班级内树立威信，得到同学们的信任；其次要做好自己的本职工作，时刻观察班里的情况，并且及时上报，同时将学校的任务准确地传达给同学们，不能让同学们有任何疑问。班主任的话让我豁然开朗。我不再过度担心同学们对我的看法，而是专心地做好本职工作。

我的主要工作是统筹管理班级大大小小的事务，与班委其他成员召开班委会，提出并解决班级存在的问题，并及时上报给班主任。

班主任制定了许多能帮助同学们解决问题的制度。

例如，每次听写都会在一张表格上记录成绩，以此来提高同学们的积极性；每次大考完，班内会举行表彰大会；每学期开展一到两次主题活动……

令我印象深刻的就是值日班长制度。我们把班级管理权交给每一位同学，这样既能增强大家的责任心，又能锻炼每个同学的能力。因此，大多数同学能做到换位思考，在其他值日班长当值时服从管理、听从安排。

班主任不仅重视我们的学习，还十分注重我们的课外生活，每个月都会举办一些活动，而且都很放心地交给班委或家委会去做，比如家校活动、户外拓展实践等。让我记忆深刻的是初三上学期，班主任组织了班委述职大会，各位班干部结合自己负责的工作进行述职，并以"答记者问"的方式与全班同学互动。这场述职会通过网络直播给家长，获得了好评。

制度减轻了班委的压力，课外活动增强了班委的能力。

在我任职的短短两年里，我学到了很多课本上学不到的东西，不仅纪律性、自律性增强，而且组织管理能力也有了很大提升。这一切都离不开班主任的谆谆教导。

最后我想说的是，班主任和班委管理的最终目的是给同学们营造良好的学习环境，让同学们有更好的发展。

作者：小灵

以下是班主任的评价。

小灵同学初一上学期并没有担任班干部，但她在初一下学期的班委竞选中脱颖而出。其实，她在小学时曾多年担任班长，能力较强，所以在这次竞选中能顺利当选。

事实证明，她聪颖灵慧，在学习方面游刃有余；在管理方面，她责任心强，执行能力强，在班级中的威信较高。她在任期间，班级得到长足发展并取得了一系列好成绩。

第二章

唤醒学生的强大内驱力：高效管理的助推力——活动

五十多个孩子组成一个新的集体时，班主任应该思考该用怎样的方式管理这个班级，三年之后，孩子会是什么样子？

在人本主义理念指导下，班主任应着力于为学生提供优质的生活、学习、发展环境，通过开展丰富的活动，让学生的成长成为其自觉发展的结果。

本章记录了我在班级建设中的一些具体做法，其中班委选举、户外拓展、设计班徽、班委述职等活动是一些有益的尝试。通过组织学生开展这些活动，发现学生强大的内驱力被唤醒了，活动的力量远远超过说教产生的力量。

一、由辞职到主动担当：用机制激发学生内驱力

优秀的班干部团队是班主任的左膀右臂，班干部在班级管理、各种活动的组织中发挥着重要的作用。班主任选拔、任用班干部时会遇到各种各样的问题，其中一个就是班干部积极性和主动性的问题。班主任该如何激发班干部的积极性、主动性呢？

1. 被"逼"出来的改变

开学后不久，班长小源找到我，说："老师，我不想当班长了。"

小源从上学期开始担任班长。之前他跟我提过这件事，这次小源很明确地说："我觉得班长的事情太多，耽误学习。"

我问他："你说一下，哪些事情耽误学习呢？"

他想了想，说："自习的时候，个别同学或值日班长经常问我问题，有时开会也耽误学习。"

我问："还有其他原因吗？"

小源想了想，说："没有了，我就觉得影响学习。"

"上学期，你的成绩不是挺好的吗？"我又问他。

"也不是很好，才考了第五名，某某同学不担任班干部，成绩比我好多了，我和小学同学交流这个问题，他们都认为担任班长会影响学习。"

看来小源真不想当班长了。估计这与他最近一次考试考得不好有关。显然，他认为担任班干部影响了学习。

小源学习习惯不错，基础知识比较扎实。但上一学期开学不久，他就摔伤右臂，严重影响学习，连续几次测试成绩都不理想。在上学期期末考试前，他的父母跟老师提到了他自信心不足的问题。

小源骨折后，我做了一些工作帮他树立信心。首先，引导他认识到自己在右臂骨折的情况下测试成绩还不错，这充分说明他学习基础较好，不用为期末担心，以正常心态参加考试就好。那次谈话的主要目的是为他缓解压力，谈话之后，小源调整了心态，重新树立起自信心。最后他在期末考试中取得了优异成绩。

小源这次来找我辞职，说明他的自信心仍存在问题。

回顾班委建设工作，学生入学之初，我通过查看学生档案及与学生沟通，临时安排了班长、体委、纪律委员，打算由临时班委逐步过渡到正式班委，再补充其他几个班委，但是事实并非那样简单。

新生入学后两个月，问题开始暴露，临时班委在处理班级问题时力不从心。我一直想把班级管理放手给班委，但对班委的指导又不到位，以至于与班委之间沟通不畅，因此导致班委与同学们关系紧张。

"班干部很能锻炼你的能力，你先担任着班长，过几天我再给你安排一个助手。"我只能这样安慰小源。

但是没过几天，体委又来了。

"老师，我不想做体委了。"体委小林说。

"为什么要辞职呢？你的体育这么好，也很有能力。"我问。

"我觉得学习挺重要的，想把精力放在学习上。"小林说。

"行，你先等等，我考虑一下。"我让小林先回去，心里有些失落。

经过再三思量，我最终决定彻底改变原先由老师直接任命班委的方式，着手准备开展班委竞选活动，这或许是一个转变班级管理模式的机会。

新生刚入学时，彼此之间不熟悉，由班主任指定班委是比较可行的方案。经过近一个学期的相处，学生彼此之间已经熟悉，此时开展班委竞选应当是合适的。竞选既能提高学生的主观能动性，又能让更多的学生参与进来，在活动中得到锻炼。

2. 激发学生自我完善发展的内在动力

人本主义心理学家卡尔·罗杰斯认为，无论是何种水平的生物，都会有积极实现自己固有潜力的最大量内部运动。人类也具有向更复杂、更完善方向发展的天然趋势。

宣布竞选班委的消息后，班里炸开了锅，学生在课间一直讨论这个问题。我召集部分同学商讨、确定了竞选方案。

本次拟选出 10 名班委，其中班长 1 名、副班长 1 名、团支书 1 名、学习委员 1 名、纪律委员 1 名、体委 2 名、卫生委员 2 名、文艺委员 1 名。

本次班委竞选主要有以下几个环节：

◇ 主动报名。

◇ 无记名投票，选出得票最高的 15 名同学。

◇ 15 名同学发表竞选演说，无记名投票选出前十名。

◇ 前十名同学组成班委会。

◇ 十名班委发表就职演说。

本届班委任期一年，一年后再次竞选，让更多的同学参与班级管理，锻炼自身能力。

（1）初选

班内共有 28 位同学报名，以无记名投票方式选出自己认为最适合担任班委的 10 个人。

因为初一的学生心智还不成熟，也没有形成稳定的决策能力，所以在选举前要给学生讲清楚班委应具有哪些能力和品质。经过全班同学的讨论，班委的选举标准出炉：遵守学校班级纪律，品行端正，尊敬老师，团结同学，学习态度端正，有较强的管理能力，在言行举止方面能做同学们的表率。

班委竞选在齐唱国歌后拉开帷幕，主持人宣布："本次应到人数49人，实到人数47人，符合竞选规定。"（初一入学时班里共有45人，后陆续转入8人）

"接下来请同学们在选票上写上10个你心中的人选，3分钟后上交。"主持人说。

谁来计票呢？为了保证竞选的公平公正，同学们在未参与竞选的同学中推选出5人组成计票委员会，投票结果由计票委员会宣布。

根据投票结果，共有16位同学（因2名同学票数相同，故有16名同学进入第二轮竞选）参与第二轮演讲竞选，16位入围者需要发表竞选演说。

进入第二轮竞选名单的学生，竟然有前几天向我提出辞职的班长和体委。

（2）第二轮竞选

第二轮竞选精彩纷呈，安排学生全程录像。全班同学在16位竞选者演讲后再次投票，以无记名方式选出10人，经过计票委员会计票，根据票数由高到低排出1到10名，这10名同学即为新一届班委成员。

体委小林演讲时说的一句话非常有意思："体委这个饭碗我能不能保住，就靠大家的选票了。如果我能入选，我一定全力以赴，为班级服好务！"

第一个提出辞职的班长小源也在演讲时畅谈了小学担任班干部时的经历，呼吁大家给他投一票。

一张张略显稚嫩的脸上，展现出发展自我的内在动力。

小林在竞选成功后写下了自己的感想：

> 成功是个美妙的东西。在最近的一次班委竞选中，我亲身体会到了这一奇妙的感受。从刚开始的雄心壮志，到竞选进行到如火如荼时的兴奋与紧张，再到结果出炉时的满足与骄傲，这一切都是那么的神奇。也许，这就是成功的味道吧，也只有经受了严峻的挑战后，才会如此的快乐。

竞选彰显了公平公正，不论是对参与竞选的同学，还是对未参与竞选的同学来说，都给他们带来了强烈的震撼。

学生的心灵是丰盈美好的，他们渴望通过这样的竞选活动来展示自己的风采。竞选让他们体验到主人翁的感觉，带给他们强烈的归属感，同时也激发了他们自我发展的动力。

3. 成长在于消除束缚

马斯洛认为，成长在于消除压抑及束缚，使个人得以做他自己。

通过班委竞选，将班级真正地还给了学生。只要信任学生，学生就可能给你期待的结果。所以，消除学生成长的束缚，创造适合学生发展的环境是班级管理的重点。

未参与竞选的小迅也写了自己的感想：

> 周一来得真快，第二轮竞选开始了。候选人个个慷慨激昂，但发言都与其他人大体相似。我在下面认真倾听，等着小惠上场。
>
> 一道金灿灿的阳光透过窗户照在小惠的身上，斜斜的影子映在光滑的地板上，显得他分外高大。
>
> "我并不像那些名牌商品那样光鲜亮丽，但我能保证，只要我当班委一天，就为大家服务一天，为大家贡献力量。"
>
> 没有人鼓掌，班里被一股质朴气息笼罩。接下来，他并没有描绘宏伟的蓝图，只是用最朴实的话语传达出为同学们服务的愿望。
>
> 我仿佛看到金色的光芒散布在他周围，我低下头，拿起笔在纸上郑重地写下了小惠的名字，每一笔都是那么认真……

班委竞选不仅对参与竞选的学生是一次很好的锻炼，而且对其他同学也是一次心灵的启迪。

学生们选出自己的班委，感受到自己成了班级的主人。班委要为班级的同学负责，在各自的职位上尽心尽力。之后在班文体活动、学习评比中，这个班屡获佳绩，一年后因为各方面的突出表现，被评为市级优秀班集体。

二、一场拉票风波

自从公布了竞选规程后，学生间有了谈论的话题。

课间，小涛跑到教师办公室说："老师，有件事我要向您汇报，班里出现了一些不正之风！"

"是吗？你说说！"

"这几天要举行班委竞选，有的同学开始拉票了！"小涛说。

"你说说具体情况。"

"比如有的同学说谁选他他就请谁喝一瓶饮料或请吃一顿饭，还有的对其他同学说一定要选他之类的话。"小涛愤愤不平地说。

"你的反映很及时，下午我给大家说说这个问题。"

作为班主任应该支持规范的竞选拉票。请吃饭、送东西，这都是严格禁止的。正常的拉票是用自己的言行举止、强大的能力和有说服力的演讲，让其他同学投你一票。

学生拉票是想获得一个机会，这符合人的自觉发展规律，为什么不允许呢？班主任需要做的是营造一个公平公正的环境，放手让学生大胆地去做。这样的环境能最大限度地激发学生的积极性，培养学生的能力。

于是，我在班会课上问学生："大家想想，应该如何拉票，用什么方法拉票？"

"用实际行动、课堂表现、宿舍内务、为同学们服务的精神……"同学们七嘴八舌，说得很到位。

我说："同学们说得很好。不过有些同学想要通过给人小利来拉票，这种方式对不对呢？"

"不对！"

同学们看待问题很清楚。

"老师并不反对同学们拉票，如果你不告诉别人你的想法，别人怎么会选你呢？但是，拉票得规范，不能以不恰当的方式进行，如果发现违规行为，就取消其竞选资格。"

同学们非常支持。

这场拉票风波过后，公平公正的思想渗透到孩子们心中，他们感受到了班级内积极向上的风气。

三、给管理增加仪式感：班长就职演说

仪式是班级发展的重要元素。一个共同体的凝聚力来自共同追求的目标，在共同体的行动当中，总有一些特别的时刻、特别的收获让全体成员感受到共同拥有的精神成长密码。班级是一个成长共同体，共同体的精神成长密码，是在班级生活，尤其是在班级活动中获得的。获得这种精神密码主要依靠班级活动中具有成长价值的仪式。

班委竞选本身就是一个颇具仪式感的活动。凡事要善始善终，竞选结果出来之后，又增设一个环节——就职演说。

此环节既能增强班委的荣誉感，又能增强其责任感，还能让全班学生对班委的工作有比较全面的了解。在班会上，班长和其他几位班委成员依次走上讲台，发表就职演说。以下是班长的演说。

敬爱的老师，亲爱的同学们：

大家好！

首先我要代表全体班委成员，感谢老师和全体同学的信任和支持。谢谢大家！

作为班长，我要以身作则，时时刻刻发挥模范带头作用，带领班委积极开展各项工作，团结协作，充分发挥桥梁纽带作用，做老师的得力助手，做同学们的知心朋友；在各项活动及比赛中为班级争得更多荣誉，在学习方面相互促进，形成"比、学、赶、帮、超"的良好氛围，在生活方面互相关心，让大家处处感受到家的温暖。

班委的工作宗旨是讲团结、讲奉献、讲协作，以促进同学和班级发展为本，以情联谊，严格遵守校规校纪，严格管理班级纪律，为全体同学营造良好的学习氛围。

同学们，严格的管理、纪律的约束，是自我提升的基础，更是为了让我们的班集体更加优秀。所以，请大家给予我们班委大力支持，如果大家有好的建议可以及时向我们提出，我们会积极采纳。

新的班委对全体同学提出以下几点希望：

◇ 以班级荣誉为重，时刻维护集体荣誉，尊师、互助、友爱。

◇ 积极参加班级和学校的各项活动，力争取得优异成绩。

◇ 自觉遵守课堂纪律，上课不做小动作，积极发言。

◇ 自习课上保持安静，不说话，不打扰他人，不发出奇怪的声音。

◇ 保持班级和宿舍的卫生，认真按时完成值日工作。

我们一定要相互团结，相互关心，相互支持，为班级争得荣耀，在自己的人生蓝图上画下浓墨重彩的一笔，实现美好的梦想，塑造成功的未来。

谢谢大家！

小灵

此外，我还策划了很多充满仪式感的活动。比如每年六一儿童节会给每个宿舍订一个比萨；中考前，组织家委会为每一位同学定制刻有学生姓名的笔，并刻上"中考必胜"四个字；每次考试后，班内会召开隆重的表彰大会，由班委为获奖者颁发表扬信和荣誉勋章；班委任职一学年后，以"答记者问"的方式召开述职大会……

在班级管理中，班主任要把一系列活动做细、做实，做得更有仪式感。在充满仪式感的活动中，学生能够感受到老师给予的关爱，得到心灵的滋养，汲取成长的力量。

四、给孩子们一丝阳光：培养班干部，激励先行

班委竞选结束后，新班委开始上任，每个班干部都表现出很高的积极性，希望用自己的实际行动证明大家选择的正确。我及时发现班干部的工作亮点，及时给予认可和表扬，把班干部的优点写成小短文发到家长群，并读给全班学生，这样做既是对班干部的肯定，也是对他们极大的鼓舞。下面这篇文章记录了我看到班干部极具责任心的行为后的感受。

老师，我已安排好！

早上我问卫生委员小栋："考完试，学生离校，安排好打扫卫生的任务了吗？"

"我已经安排好了，班委留下来打扫。"小栋说。

学生考完试收拾好东西，离开教室。班委在小栋的安排下有条不紊地打扫教室，分工明确。扫地的扫地，搬凳子的搬凳子，拖地的拖地，不一会儿就打扫干净了。

小栋对我说："老师，已经打扫完，我们走了。"

我给他们竖起大拇指，目送他们离开。

…………

五月的一天，轮到我们班升旗，正赶上下了一场雨，天气有些凉，我刚好不在学校。

下午，我接到副班长小策的电话："老师，咱班里有几个同学肚子疼、呕吐。"

我说："你问问他们中午吃的东西是不是一样，再问问隔壁班有没有这种情况。"

不一会儿小策又打来电话汇报详细情况："咱班里呕吐的有3人，头疼的有2人，肚子疼的有3人，他们没有吃相同的东西，其他班也没有出现这种情况。"

我估计学生是上午升旗受凉了，于是叮嘱小策继续观察情况，随时联系。果然，第二天多数学生就恢复了。

…………

小源打篮球受伤，脚底磨掉一大块皮，脚上缠着绷带，走路一瘸一拐，行动不便。

熄灯前，我看到小源一瘸一拐地挨个儿宿舍提醒大家注意纪律。

一阵感动涌上我心头。

…………

"老师，表扬信可以发下去了，我已经统计好了。"学习委员说。

"老师，要画一下跳远测试用的线了，运动会训练需要。"

"老师，我们美化一下走廊文化墙吧。"

"老师，这是近两周的纪律统计，这几个同学得提醒一下。"

"老师，该召开班委会了。"

…………

每个班委都说过："老师，我已安排好！"

这是一种担当，这是一种优秀的品质。

在学校，他们是优秀的班干部；走到社会上，就是优秀的人才，肯定能更好地经营自己的人生。

苏霍姆林斯基说："只有集体和老师首先看到学生的优点，学生才能产生上进心。"在培养班干部的过程中，班主任应该首先发现班干部的优点，并让同学们看到他们的优点，这样既能激励班干部又能帮助班干部得到同学们的认可。班主任可以通过多种途径，协助班干部在班内树立威信，指导他们更好地开展工作。

学生在担任班干部期间能得到极大的锻炼。美国教育学家杜威认为，学习就是经验的改组与改造。没有机会，就没有体验。没有做班干部的机会，就不会有班干部的体验。团队精神和集体意识在现代社会生活中越来越重要，做班干部可以很好地锻炼这种团队精神和集体意识。

做过班干部的人一般具有三个特点：有自信心、擅于说服别人、协调能力强。这些属于情商范畴的特点在某种程度上比智商更重要，更能决定一个人能否融入集体，能否为一个共同目标而奋斗。因此，那些长期在学校里担任班干部的学生在进入社会后适应得更快。现代社会要求现代人具有责任心和合作意识，如果孩子没有担任班干部的经验，可能就错失了一次培养责任心和合作意识的机会。

培养优秀的班干部既能帮助班主任高效地管理班级，又能帮助学生提升个人能力，可为学生的终生发展提供有益的帮助。在此过程中，离不开班主任的细心观察、及时鼓励和科学指导。

五、现场"晒成绩单"：强化使命担当，直播班委述职大会

时间过得真快，我作为班主任组织班委竞选还是他们初一的时候，选出的班干部，通过对他们的指导、培训，使之迅速成长并承担起班内大多数事务。

在班级各项事务中，分管的班干部都能独当一面。班委的成长就是班级的成长，班级的成长意味着班内每个孩子都会有更加优质的学习、生活环境。此时，班主任可以适时退出，将更多的时间和精力用于教学和其他方面，与学生一起成长。班主任与班级一同成长，这是一个相辅相成的关系。

经过一年的努力，班级的成绩居级部前列、获得体育节银牌、市级班级文化艺术节一等奖、市级优秀班集体……除了以上成绩，班级还举行了班徽设计、户外拓展、摘草莓等活动，各项活动的开展都离不开班委的共同努力。

为进一步增强班委的责任感，提高班委工作的积极性，我组织班委向全班同学汇报工作。全体同学向班委提出自己的观点、建议，班委现场回复。

我提出活动流程的大体思路，班委设计细节，通过 QQ 向家长直播。活动搞得很成功，活动的氛围十分热烈，在学生中引起较大反响。

此次活动再次强化了班委的使命担当，每个学生都可以就班级事务向班委提问，班委一一回答，活动过程与答记者问相似。该活动增强了学生的集体意识和主人翁意识，也增强了班委的责任心和应变能力。考入中国科技大学的小林在高中毕业后提到，当年的班委竞选和班委述职极大地提升了自己的应变能力，这种能力在他参加"强基计划"的面试时起到了一定的作用。

活动最后，我对全体班委的优秀表现提出表扬，鼓励他们继续以为全体同学创造优质的学习、生活环境为根本目的，更加努力工作。通过这次活动，班委进一步了解了同学们的思想动态，也对工作中的一些细节问题进行了反思。最重要的是，通过这次活动，学生的归属感和班级认同感得到很大提升，班级凝聚力得到极大提高。

六、在活动中发现自我：设计班徽

初一阶段，班级管理的主要目标是满足学生的安全感，尽量减轻他们适应新环境的恐惧感，同时帮助学生逐步认识自我、发现自我。

在管理过程中，班主任应努力做到以下几点。

①引导学生向积极健康的方向发展，培养学生的纪律意识。

②允许学生犯错误，让学生意识到错误是成长的一部分。

③真诚对待学生，与学生共情，给学生营造自觉成长、发展的环境。

以上做法符合人本主义心理学家卡尔·罗杰斯的个人中心取向理论。卡尔·罗杰斯认为，个体内部拥有许多用于认识自己、改变自我概念、基本态度与自我定向行为的资源，只要营造出富有支持性的心理氛围，这些资源都会被调动起来。

我们应该在班级管理中努力营造这种有利于学生发展的氛围。

第二学年，学生已经对学校生活比较熟悉，为进一步增强班级的凝聚力和学生对班级的认同感，我们组织开展了设计班徽的活动。

班徽通常来源于班级的口号、班号，它是班级精神的提炼，能够反映大家的共同追求，是班级活力和荣耀的象征。

美术老师专门抽出时间指导学生。两周后，学生提交了作品，美术课代表召集班委，评出一、二、三等奖。美术课代表利用国庆假期把同学们的作品做成 PPT，在班会上展示，并对获奖的同学进行表彰。

作品介绍：巨龙腾飞

①两个圆形代表太阳，寓意稼轩是学生们的太阳。

②篆书有着深厚的历史文化底蕴，所以"稼轩"二字用了篆体。

③"稼轩"二字的下面，是一本书的形状，寓意着知识托起学生们的未来。

④书本下面是班号。

⑤龙代表腾飞，寓意学生们不断进取，未来不可限量；龙的颜色是绿色，代表健康、生机勃勃；龙的形态是数字5，代表5班。

寓意：在稼轩这颗太阳上，5班的学生们像巨龙一样腾飞！

作品介绍：真棒！

①主体突出一个多彩的"5"，代表5班。

②"5"，同时又是一只四指紧握、拇指竖起的手。四指紧握代表团结，拇指竖起是"真棒"的手势，代表向上，多种颜色代表初中生活的绚丽多彩。

③与"5"相伴的是饱含希冀的橄榄枝，寓意健康成长。

④底部是一本书，似飞翔的羽翼，寓意知识托起学生们的未来。

⑤最下面，是稼轩中学的拼音。

寓意：在稼轩的学习生活绚丽多彩！5班真棒！

其他同学的设计思路也很有特色。

小斐作品构思和寓意：

将4105融合在图画中，4代表四种品质：勤、德、善、朴。钥匙能够打开通往美德的大门，希望班里每个同学都能拥有这枚钥匙，拥有高尚的品德。

小深作品构思和寓意：

本设计灵感来源于西班牙巴塞罗那足球俱乐部会徽，代表爱国、坚强、团结、坚持。左上方的国旗是国家的象征，右上角的校徽代表我们始终是稼轩的一员，4105 代表我们的班级，书本中的"勤"和"志"代表"人生在勤，志达天下"的校训。

小谦和小文作品构思：

深蓝色部分组成 4105，右上边为校徽，整体是"勤"字，体现了我们班勤奋的学风。

小仁作品构思：

鹿充满活力，代表进取，五只蝴蝶代表 5 班，也代表班长、团支书、纪律委员、卫生委员、体育委员，飞鸟是校徽。

另外，鹿的听觉、嗅觉都很灵敏，寓意同学们听课认真、反应迅速、头脑灵活。

不论是老师还是学生，看完这些作品之后都发出赞叹，为这些奇思妙想点赞！

创设适合学生自主发展的环境是老师的重要任务之一，相信每个学生拥有成长的巨大潜力。

七、用活动替代唠叨：教育管理中的边际效应

学生经常用一个词评价班主任——唠叨。

班主任并非天生就会唠叨，而是在工作中慢慢养成的习惯。初中是学生习惯、价值观形成的关键期，班主任需要不断提醒学生注意各方面的问题，

因此很多班主任养成了唠叨的习惯。

唠叨是一种重复，适当的重复有利于学生的习惯养成，但也需要注意唠叨的限度，否则容易出现边际效应。

当我们不断地投入时间和精力时，教育效果越来越好，但是当达到一定的量后，教育的效果会递减，若继续强化，效果可能呈现负增长。这就是边际效应在教育管理中的表现之一。

这就可以解释班主任和家长的困惑：对学生、孩子付出很多，效果却不如以前。如何在教育管理中避免边际效应带来的负面影响呢？其中开展丰富多彩的活动是有效避免教育管理中出现边际效应的有效方法。

班级活动是学校教育的重要组成部分。初中阶段的孩子天真烂漫，好奇心强，喜欢新奇的事物，具有极强的可塑性。因此，开展班级活动要注意以下三点：一是活动的开展要基于学生身心发展的特点；二是活动的开展要符合学生的发展规律；三是活动内容要灵活多样。此外，活动要形成系列，通过系列主题活动在学生发展的不同阶段提升学生不同的能力。丰富的活动避免了单一的、低效的教育行为。

例如，培养班干部可以通过开展班委竞选、班委工作汇报等一系列活动进行，还可以通过开展成语达人、我是小诗人、诗歌诵读、计算达人、我的家族小传等活动丰富学生的学习生活。活动要紧紧围绕促进学生发展这个目的开展，着眼于学生的成长，帮助学生逐步提高自我管理能力。但是，如果在开展活动之前没有深入思考、明确目的，就容易出现班级活动热热闹闹，但活动之后效果不佳的情况，进而导致活动不但不能促进学生发展，反而会起到负面作用。

以学习评比为例。首先让学生认可评比过程的公平性，让努力的学生在评比中获得肯定。评比活动的模式可以是固定的，但是每次活动的内容需要有所变化。如每次测试，各学科学生的成绩也在不断变化，对此可以设置单科进步之星奖，这样不同水平的学生均有机会获得奖励，活动的效果会更好。

同时也应借力学校的活动，给每个学生创造自我发展的机会，如合唱比赛、体育节、艺术节、社团活动、板报设计、走廊文化设计等。

初中阶段的学生思维活跃、好奇心强，丰富的活动能促进学生发展、提升能力，利于他们养成良好的习惯，也能触发其思考、活跃其思想。

班级管理工作要紧紧围绕满足学生的发展需求这一中心。随着学生身心的发展，班级活动也要随之做出调整。只有时刻关注学生的成长，开展更符合学生发展规律的活动，边际效应的负面影响才有可能降到最低。

有句话说得好：锦上添花固然轻松而美丽，但雪中送炭更为紧迫、更为重要。依据学生发展需求开展丰富的活动远胜于唠叨，这才是破解教育管理中边际效应的最好方法。

八、用活动唤醒学生的天性

如何增强班级的凝聚力，唤醒学生的内在发展动力呢？开展丰富的班级活动无疑是解决以上问题的重要途径。

开展丰富多彩的班级活动，是班主任对学生进行集体教育和个别教育、培养学生素质的基本形式，丰富的活动能提升学生各方面的能力。有序开展班级活动，培养得力的助手能让班主任从琐碎的事务中摆脱出来，可以有更多的时间思考教育教学。我们可以根据学校、班级的实际情况开展各种活动。

1. 亲情互动

初中三年，尤其到了临近中考时，不少学生处于高度紧张状态，班主任可以提议每位家长给孩子录一段祝福孩子的视频，合成后给学生播放。学生在家长的祝福中感受到亲情的力量，在中考来临之际感受来自亲人的呵护和关心。

每月给当月过生日的学生过一个集体生日，让学生感受到来自集体的关心。这些看似简单的活动能让学生感受到来自班级的温暖和班主任的关心，令学生的内心更加充盈。

2. 体育活动

利用大课间，在班内开展丰富的、具有竞争性的小活动，比如跳绳、垫排球、接力跑等是提升学生凝聚力的好方法。

跳 绳 计 划

　　大课间，爱活动的学生满头大汗，不爱运动的学生无所事事。于是班主任设计了一个跳绳计划。

表2-1　跳绳计划

时间	内容	负责人
第一周	达标：80个/分钟	值日班长
第二周	小组PK	体育委员
第三周	精英展示	体育委员

　　第一周由值日班长每天公布达标人员名单，激励学生每天积极训练。第二周，体育委员每天抽取四支队伍分两组PK，周末选出最佳小组。第三周由优胜者为全班展示。

　　学生十分喜欢这样的活动，在集体活动中学生们获得的欢乐不亚于在课堂上获得知识的快乐。课堂上，学生享受的是思考的快乐，而在集体的活动中，他们体验的是竞争和超越自我的快乐。每天都有期待，学生们的心态就是积极向上的，班内就多了正能量，少了负能量。

3. 主题活动

　　主题活动是指在集体性活动中，以一个主题为线索开展活动与交流。主题活动较为灵活，它可以根据场所、季节、节日，以及学生的兴趣灵活地确定内容，可以定一个大主题，贯穿整个学期，也可以定一个小主题，一个月或半个月完成。这样的主题活动，有利于学生习惯的养成和能力的提升。

　　以初一上学期为例。9月，新学期伊始，为使学生养成良好的生活习惯和学习习惯，班级可以开展"良好习惯伴我行"主题月活动，活动方案如下。

"良好习惯伴我行"主题月活动方案

　　同学们已经成为一名中学生，良好的生活习惯和学习习惯是一名合格的中学生的必备素养，为此，班级开展良好习惯伴我行活动。时间：9月1日至9月30日。

具体内容包括：

一、生活习惯

1. 宿舍卫生、内务、纪律方面，地面干净无杂物、污渍；床单整洁，被子叠成豆腐块，床上无杂物；橱柜顶干净无杂物；门窗玻璃干净；吹哨后立刻安静；个人物品摆放整齐有序，及时清理垃圾。

2. 文明就餐，不大声喧哗。

3. 着装整洁，发型合格。

二、学习习惯

1. 坐姿端正，认真听讲。

2. 善于思考，积极回答问题。

3. 作业认真，及时上交。

4. 遵守课堂纪律，今日事今日毕。

三、评选标准

9月底，评选习惯养成优秀宿舍、优秀小组和优秀标兵。

优秀宿舍评选以宿舍打分标准为依据，由宿舍推选，优秀小组由任课教师推选，优秀标兵由小组推选。

"良好习惯伴我行"主题月活动，契合新学期开学时机，对学生的生活习惯和学习习惯进行有效的指导、督促，激发学生主动养成良好习惯的动力，为之后的学习、生活打下良好基础。

主题月活动旨在激发学生积极向上的精神，促进学生养成良好习惯，培养其高尚的道德品质。在实施过程中，要明确主题活动的目的、过程、评价标准，也要关注学生的实际情况，善于把主题活动分解至每周、每日，以便活动有序展开。

4. 户外活动

户外活动是为了个人的全面发展而在户外开展的经验性活动，它涵盖爱国主义教育、环境教育、安全教育等。通过开展户外活动，可丰富学生的知识，提升生存的技能。

走进春天，"莓"开眼笑

杨柳依依，碧空如洗。

全班学生走出校门，循着春天的步伐来到爱农庄园，在采摘草莓的过程中与春天亲密接触，与自然深情相拥。

欢声笑语，是烂漫少年的自然流露，在大自然中，学生们释放天性，回归童真。

柔软的心灵，应该在柔软的泥土扎根，在柔软的环境中生长，在这样的环境中哺育的心灵充满爱与善，充满真诚与梦想。

让孩子带着好奇走出校园，踏着泥土的芬芳，追寻蝴蝶的翅膀。一片嫩绿的小芽都会让他们赞叹不已，几朵田野里的小花也会让他们欣赏半天，孩子们的心灵变得更加丰盈。

活动的主线即是班级成长的主线。活动的开展给予每个学生展示自我的机会，既增强班级凝聚力，也让学生在活动中得到充分的锻炼。

著名教育家李希贵说："我们学校教育其实是和家长、和社会共同合作，来帮助孩子发现自我、唤醒自我。"班主任不仅在班内开展各类活动，还应鼓励学生参加学校的各类社团，目的是帮助学生拓展他们的人生宽度。

"凡事预则立，不预则废"，开展活动需要有详细的计划。班主任可以在学期初拟定本学期活动开展的时间节点，让学生充分了解班级的活动，这是活动有效开展的前提。

活动也是解决班级问题的有效途径。班级出现的问题都有其根源：学生拖拉，原因可能是不会管理自己的时间；学习效率低，原因可能是没有掌握恰当的学习方法；纪律差，可能是意志力比较薄弱，很难控制自己……我们可以就以上问题开展针对性活动，把问题化解在发生之前。这样既有助于学生健康发展，又能减轻班主任的负担。因此，基于活动的班级建设是班级管理中非常有效的方法。

九、用信任交换信任：成立家委会

家委会是家长和学校交流的桥梁和平台，对促进家校沟通合作，推动家长正确理解和认识教育工作，促进家庭教育和学校教育形成合力，创设良好的教育发展环境，完善学校、家庭和社会三位一体的教育体系，全面推进中小学素质教育健康有效实施，具有重要意义。

家委会成立之前，班主任首先要拟定入选家委会的标准。

尊敬的各位家长：

你们好，为进一步加强与家长的沟通，以便开展班级活动，拓宽学生的视野，我们班计划成立家委会，成员3~5名。

报名条件：

①具有较高的思想觉悟与文化素质，热心公益事业，热心教育事业，懂得教育规律，认真负责，能为班级的教育教学和日常管理提出意见和建议。

②关心、支持学校建设，积极参加班级组织的各项活动，经常与班主任和任课老师联系。

③能够做好行为表率，正直、无私，有比较丰富的家庭教育经验。

④能够听取家长意见，并针对各项管理工作提出公正、客观的意见或建议。

⑤能够主动为班级活动和发展提供一定的支持和帮助。

⑥具有一定的业余时间参与活动，并具有一定的文化水平和良好的表达能力、组织策划能力和协调能力。

家委会成员将有机会参与学校各种活动，如家长沙龙，参与学校年级、班级部分教育教学活动。

近期活动计划：参观山东省博物馆"走进简帛时代，寻梦古代中国"展览。

如您想成为家委会成员，可以私信我。

通过报名和推选，七位家长加入了家委会。家委会积极参与到班级活动中，如山青世界户外拓展、摘草莓、班级图书角的建设。家委会也参与了中考前的动员活动，为班级的建设发展做了重要贡献。

家委会的成立，对建立学校教育、家庭教育、社会教育协同机制，提高家长的家庭教育水平，具有重要意义。家委会有利于家庭教育和学校教育形成合力，为学生的健康成长创造有利的条件。

下面这篇短文是我在家委会为班级组装书架后写的一点儿感想。

信任的传递

下午两点多，我从办公室出来，看到两位家长站在楼道里吃快餐，快餐盒放在窗台上。我没想到，这几位家长竟然还没吃午餐。于是我连忙将他们请进我的办公室，安排学生拿来凳子、接来开水。我的心里是又感激又过意不去。

原来，这两位家长刚才忙着组装班里的花架，把一根根木板，用一颗颗螺丝组装在一起。工具不全，他们还要回车里去拿，班里虽然开着空调，但是他们还是忙活得满头大汗。两位家长忙活了一个多小时，精致漂亮的花架组装完毕，青翠欲滴的绿萝在花架上显得愈加鲜亮。

前几天家委会问我买花架的事情，我大体说了一下情况，不久他们就将花架的样式发给我，我们一起选定了标准。

家委会对班级工作的支持，就是对我的信任和支持，而这份信任和支持源自我对学生的信任和支持。

五十多个学生性格不同，我尽力做到公平公正地对待每一个学生，不厚此薄彼，尽量让我的关爱洒落到每个孩子心中。我想，孩子会记到心里，家长会看在眼里。

给予信任和支持，必将收获信任和支持。

再次感谢家委会及其他家长的全力支持。

到了初三冲刺阶段，为了给孩子们加油助威，班主任与家委会沟通，在中考之前为全班同学定制了刻有"中考必胜"的中性笔，采购了寓意吉祥（十全十美）的纪念币。中考期间，家委会还为同学们提供了丰富的水果和可口的小食品，这一系列准备工作让同学们安心备考而且信心十足，也为班级在中考中取得优异成绩起到了巨大的助推作用。

因此，成立一个与班主任互相信任、互相团结的家委会可以令班主任事半功倍，更好地助推班级的建设、发展。

十、做班级的主人：学生眼中的班级竞选

组织班委竞选是班主任给学生搭建的一个舞台。从学生的文字中，可以发现这种做法改变了许多学生之前对班级管理、班级竞选的看法，他们真正感受到了公平、公正。

与自己的竞争

"三秒、两秒、一秒。"我几乎是数着秒度过了这段时间。我很轻松地离开座位，走到了候场区。或许我展现出来的是这个样子，但谁知道我是逼着自己走过去的。

我捂住嘴，大口地呼吸，心里不由苦笑，演讲这种事情，我果然还是不擅长啊！

我看着小源在台上滔滔不绝，不由得被他逗乐了，这倒不失为一个减压的好办法。

等这声情并茂的演讲结束，就轮到我上台了。在这里，我打算跳过我演讲的种种细节，不论好与坏，我不习惯将笔墨放在自己身上。

等我一身轻松地走下台，才开始认真审视这次班委竞选。

目前，班委竞选已进入第二个环节，我们这几个上台演讲的学生，都是第一轮投票选出的候选人。

要么当选，要么落选，决策权都掌握在同学们的手中。

小灵，小策，小烁……他们一个接一个地上台演讲，木质讲台被人一次又一次踏过，每个人都拼尽全力展示自己。

我投出了我的选票，5男5女，或许我是公平的，或许吧，我很少下

定论。

　　下课后一直到晚餐，大家都在不断地讨论第二轮竞选的事情。在我心中，我已经当选了，便不再参与他们的讨论。我之所以认为自己已经当选，是因为我战胜了自己。其实，无论参加什么活动或比赛，我的目的只有一个，就是超越自己。

作者：小奇

以下是班主任的评价。

在很多人将目标定为超越他人的时候，将目标定为超越自我，的确不简单。超越自我是一次次肯定自我后的一次次否定，需要有极大的勇气。

班委竞选

　　在这生机勃勃的季节，我们沐浴着温暖的阳光，迎来了初中生涯的第一次班委竞选。

　　我选择竞选团支书，原因有两个：一是我对这个职务比较好奇；二是我相信自己有能力胜任。于是，我怀着一颗激动的心，走进了班主任的办公室，郑重地报名竞选团支书。

　　第一轮竞选结束，我很惊讶，自己竟然得到了37票，排名最高。我的心里暖暖的，信心大增，觉得自己胜券在握了。

　　果不其然！

　　演讲当天，我自信地走上演讲台，发表了最短的演讲。在场的每位同学都睁大了眼睛，将期待与鼓励的目光投向我。我的第六感告诉我，成功已经来临，即使结果还未出来。

　　最终，我如愿以偿地当上了团支书。

　　因为种种原因，之前我辞去了班长一职。以前作为班长，我尽职尽责，为同学和班级服务，如今我当上了团支书，相信自己仍能像以前一样，把自己负责的事情做到最好！

　　竞选成功了。不，不能说是成功，应该说是一次磨炼，是一次展示自我的机会，也是同学们对我信任和支持的体现，同时还是对我以往工作、学习的肯定。

我觉得，既然同学们信任我、支持我，在新的岗位上，我会做到最好，不负众望，把班级带向新的辉煌。

作者：小源

以下是班主任的评价。

由辞职到主动参与竞选。学生不愿当班干部究竟是学生的问题还是老师的问题？通过班委竞选，大家都清楚了原因。在班级管理中，我们是否给学生创造了良好的环境？良好的环境是学生成长发展的重要因素，它能激发学生内在的发展动力，人的成长也是一个逐渐提高自我认识的过程，小源的变化很好地证明了这一点。

这不是我一个人的班级

竞选活动落下了帷幕，新一届班委走马上任，这使我更加强烈，也更加深刻地意识到：这不是我一个人的班级。

集体在字典上的解释是许多人合起来的有组织的整体。而组织，在字典里的一个解释是安排分散的人或事物使具有一定的系统性或整体性。将这两个概念放到班级里来看，许多人便是指全体同学，负责安排的人就是班委，由此可见班委的重要性。但是没有各位同学，又何来班委？因此班级既不能没有班委，也不能没有同学。

我曾告诉别人，担任一个职务，就要知道应该做什么，去思考怎样才能做好，并努力去做。

我认为卫生委员这一职务是很辛苦的，所以我并没有预想有人会与我竞争。我本着对这份在小学已做了六年的工作的热爱，希望继续做下去。平心而论，我不希望自己落选。然而，我第一轮就没有被选上。落选时我很平静，直到晚上躺在床上，我才有时间去思考这件事。我的脑中仿佛有一个小盒子，装着所有关于卫生委员的事，我在里面翻找……我知道该怎样做好，但我没有努力去做。顿时，那个小盒子发出的光芒暗淡了。我又很高兴，因为我找到了自己的不足，这是非常可贵的。

透过缝隙望见窗外的月光，它仿佛照亮了我今后的道路。这是一次失败，也是一次成功、一次进步。它还使我明白这不是我一个人的班级，从来都不是，班级是大家的，需要大家共同努力。

作者：小仁

（2022 年，小仁考入西北工业大学）

我们是 5 班的主人

"我们是 5 班的主人"，这是班主任的名言。为什么这样说呢？因为班里的班干部是同学们推选出来的。

这件事说大不大，说小不小。它虽只是近 50 个人的活动，但意义非凡。对班级来说，谁成为班级的领头羊怎不重要？

我热情地投入到竞选中，并不是为干部的名号，而是为了 5 班的明天。

竞选一轮接一轮地进行，最终，包括我在内的十名同学成功竞选为班干部。

肩上的担子重了，上面承载着每个支持我的同学的信任。

本次竞选能成功举办，离不开每位同学公正的投票。这是一场公正的竞选，每位同学都参与其中，就连计票也交给了同学，就像班主任所说："同学们是班级的主人。"

作者：小策

信　心

跳绳比赛结束后，班委竞选即将开始。

刚听到这个消息时，我挺兴奋的，终于有机会让我发挥自己的能力，像小学时一样管理班级了。大家热情高涨，甚至有人已经开始讨论要把票投给谁了。随着大家的讨论越来越热烈，我那抹兴奋也渐渐蒙上了一层不安。

我不怕做不好，而是怕没有机会。

我的不安是源于报名人数。当我听到共有近 30 个人报名，我很害怕，因为其中很多同学不但经验丰富，而且学习成绩好、能力强。我心里开始打鼓，虽然我相信自己能胜任班委工作，可我能争取到这个机会吗？

没能力可以培养能力，没成绩可以创造成绩。但信心没了，可就什么都没了。

虽然也质疑自己的能力，可我依旧报了名。演讲稿早已写好，心里却没底。我向同学委婉地透露了我的意愿，他们的反应令我感动："我早就想投你啦，之前你当值日班长的时候管得挺好的。""当然会投你呀，我们都相信你的能力！"这令我树立了信心。

就这样，我一改往日的畏缩胆小，以最好、最自信的姿态，通过了初选，登上了讲台，开始了我的演讲。"不管是幸运入选还是遗憾落选都无所谓，我已经战胜了自己。"我这么想着。

最终我竟真的选上了，我获得了大家的认可和信任！我当时的感受真是难以言表，简直比以前拿任何奖都要兴奋！因为这是战胜自我的结果，这是信心的力量！

作者：小斐

努力地前行

春天，班委竞选开始了。我很想成为班委的一员，为班级做出一点儿贡献，同时锻炼自己。但是报名的时候我犹豫了，我担心自己的能力达不到要求，成绩不能让同学们信服，竞选的时候自己会因紧张而怯场。考虑再三，我放弃了。

在第二轮投票环节中，班级氛围紧张极了。同学们为他们认为能够胜任的人投下了神圣的一票。这时候，我有些后悔没参加竞选，因为只有亲身参与其中才能体会到竞选者的责任感，只要参与其中就会得到别人的尊重。经过第一轮投票，16位得票较高者进入第二轮竞选。

演讲环节开始前，竞选者大多小声地读着自己的演讲稿，反复熟悉自己演讲稿的内容，以免上台时因紧张而读错。我佩服他们认真的态度，我认为凭他们这么认真的精神，谁都可以胜任班委工作。同学们整齐坐好，不再大声说话，营造出安静的环境，生怕打扰了竞选同学的思路。

演讲终于开始了，现场鸦雀无声，气氛突然变得紧张、庄重。每一个竞选者的演讲都让人热血沸腾，令人想立刻投他一票。他们的演讲都令人震撼，同学们拍手叫好。

　　经过第二轮投票，结果出来了。有的人祝贺竞选成功的同学，有的人安慰没有竞选成功的同学。我认为，当选的同学和落选的同学同样值得尊敬。没有竞选上的同学一定对下一次竞选充满了期待！他们虽然失败了，但他们不气馁。他们认真、勇于担当的态度激励了我。下一次我也要竞选班委，因为我明白：人，就要努力地前行！

作者：小鹏

竞　选

　　终于，我盼来了班委竞选。为此我准备了不少时间，花费了不少精力。现在，我将大显身手，成为那尖利的锥子，戳破口袋，展现自己的才华。

　　竞选开始了，现场一片紧张的气氛。我的笔好像有千斤重，怎么也下不了笔。"这个同学挺好，那个同学也不错……"我心里好像有蚂蚁在爬。一会儿看看这儿，一会儿看看那儿。"他会选我吗？谁选我了？"我心里很紧张，好像有一只青蛙在跳。好不容易选完十个人。我又盯着别人，恨不得看穿别人的心思，看透别人的选票。短短的三分钟好像一个世纪一样漫长。

　　更痛苦的还在后面呢，为了统计选票，同学们花了很长时间。晚上，我辗转反侧，无法入睡。

　　投票结果公布了。很不幸，我落选了，只差一票，但我不伤心。我回想竞选前一天，一个同学握着我的手说："咱俩互投吧。"我没答应他，因为我认为这是不公平的，要竞争，就要靠实力来争。

　　可能是我过于默默无闻，选我的同学不多，但我收获了很多。我要更加努力，相信下一次参与竞选的我，将是一个崭新的我！

作者：小骞

竞　选

　　阳春三月，在温暖的季节里，我们班开展班委换届竞选活动，同学们踊跃参与。

我们先齐唱国歌，然后开始竞选。全班投票选出 15 名同学进入第二轮角逐。看着大屏幕上的名单，我觉得每个人都很优秀，想要给每个人投一票，但只能选 15 名同学，我内心无比纠结。

5 名未参与竞选的同学组成计票委员会，很荣幸，我是其中之一。计票的过程是激动人心的，看着表格上一点点多起来的票数，听着他们念出一个个名字，我不禁想到一个问题：如果我参与选举，能得多少票呢？计票过程是漫长的，我们用了很长时间才计完票数，统计出前 15 名进入下一轮的角逐。有两位同学票数相同，因此共有 16 名同学进入了下一轮选举。

第二轮竞选，得票数由高到低的同学依次演讲，全班再次投票选出 10 名同学担任班委。他们充满激情的演讲，触动了我，也让同学们激动不已。

终于，投票结束了。光荣的计票工作又开始了，这一次计票比上次多了几分庄重，我也多了几分熟练。

计票结束后，有许多同学来问票数、名单、排名，而我的回答是"不知道"。晚自习时，我代表计票小组宣布了班委名单，班委竞选落下了帷幕。

这次竞选令我感触颇深，看着竞选成功的优秀同学，我忍不住地羡慕了一下。同时暗下决心，我一定要更加努力！

作者：小帆

十一、在活动中成长：学生参与实践活动的感悟

学生在活动中更容易获得自我完善的经验，更有利于他们的成长。离开集体活动，学生如同缺失了养料的大树，缺失了汇入河流的大海。集体活动是学生发展的催化剂，学生在活动中能更加全面、健康地成长。

要想让孩子更好地发展，就让他们参与活动吧！

2017 年 10 月底，班级组织学生去山青世界培训基地参加活动，学生收获颇多。从另一个角度看，这次活动是班级发展的一块跳板。活动进一步增强了学生的责任心和班级凝聚力，也让我更加坚定了在教学管理中坚持以学生为本的做法。

通过学生的文字，可以深切地感受到活动带给学生的积极影响！团结、奋进、战胜自我……来自实践的真切体验冲击着孩子们的心灵，这些东西是他们在课本上永远学不到的。

从文章中，可以读出天真快乐，可以读出成长与自我发现，可以读出团结友爱。

杜威认为，教育是生活的过程。他说："生活就是发展，而不断发展、不断生长，就是生活。"因此，最好的教育就是从生活中学习、从经验中学习。教育就是为学生提供生长的条件。

教育就是生长，开展活动不正是为了给学生创造良好的成长环境吗？

山青一游

金秋十月，湛蓝的天空中鸟儿翱翔着。我们也同鸟儿一般，飞出了校园，来到向往已久的山青世界。

冷风呼啸，今天是入秋以来最冷的一天，但依旧阻挡不了我们如火的热情。

我几乎是跳下车的，抬眼便望见一片碧绿，远处的群山已经有几抹金黄，几个大字在门口闪耀着——山青世界。我们跟着教官走进大门，如油画般的美景在我眼前慢慢呈现。

今天一共有四个项目：鼓舞人生、真人CS、攀岩和有轨链车。虽然我很想先尝试CS，但我们被安排先去"鼓舞人生"项目。

我们望着一堆绳子和鼓，还有一个网球，没有任何头绪。听完教官的讲解后，我们恍然大悟，随即投入练习。所谓"鼓舞人生"，就是大家一块拉着绳子控制中间的鼓颠网球。本来就不太默契的我们加上手脚不灵活，颠球一直不太成功，我们都有些泄气。但是当我们沉下心来换了一种方法后，我们开始进步了。一次一次，网球在空中舞动的次数越来越多。刚开始的急切渐渐消失，我们慢慢进入状态。其他人和我一样，尝到了团结的甜，大家相视一笑，一起面对最后的比赛。最后，虽然我们没有胜利，但收获了更重要的东西——团结与默契。

第二个项目是我心心念念的CS射击！摸到枪的刹那，我感觉自己都燃烧起来了。地形比较复杂，大片都是树林。刚进场时我还小心翼翼，到后来我一顿乱射，敌我都不分了。平时反应快的同学在树林中飞快地穿梭，枪声响彻整个山谷。我的速度不快，只能躲起来狙击，最后也没有取得突出的战绩，但也过瘾。

第三个项目是攀岩，这是勇敢者的游戏。望着几米高的攀岩墙，即使是不恐高的我也心生畏惧。听到教官说每个人都要攀上最顶端时，我心头不禁一颤，这么高的墙，怎么能徒手爬上去呢？看着前面同学或慢或快地攀到顶，我的内心渐渐平静了。可轮到我时，心脏又开始止不住地狂跳，我深呼吸一口气开始爬。整个过程都很顺利，一步一步如有神助，没有卡顿。很快，我攀到了顶端。望着近在咫尺的天花板，我长吐一口气，感觉自己像是完成了拯救世界的大事一样。这次攀岩让我战胜了恐惧，发现了自己勇敢的一面。

最后一个项目是有轨链车，这需要团队协作才能完成。九个人同时踩在两块木板上，共同前进。最开始我们还频率不一，无法前进，但是随着不断练习，我们越来越默契。"左！右！左！右！"跟着口号，我们的步伐越来越快，越来越坚定，就连个别不太协调的同学也能跟着团队一起迈步，我心中满是欣喜、自豪，还有一种说不出的甜甜的滋味。

太阳从金黄开始慢慢泛红，鸟儿该归巢了。山青世界之旅就此结束。虽然活动结束了，但我们之间的默契没有消失，这份团结的力量会伴随着我们直到永远。

作者：小斐

方法永远比困难多

前些天，班级组织大家去了山青世界，一起体验了几个项目。其中，"鼓舞人生"是令我感触最深的一项。

该项目要求团队成员通力配合，相互协作。每队有15分钟练习，然后比赛2分钟内，哪队用鼓面颠起球的次数最多。在这个过程中，倘若稍不留神，球就会落到地上，前功尽弃。

一开始，我们队是四个参赛队中颠的次数最少的，作为队长的我，看着时间缓缓流逝，心中自然是着急的。可越着急，那个球就越不听话，像个顽皮的孩子一样，怎么也落不到鼓面的正中央。当时我们在室外，风很大，天气很冷，团队里的个别成员有些受不了了，开始互相埋怨。

这时，教官也注意到了我们这边的情况。他缓步走来，对我们沉声道："你们要找到方法，不要一直在那闷头瞎练，想想怎样才能把球控制好。"

教官的这句话点醒了我，球不稳的原因不正是鼓面不平吗？只要想办法控制好鼓，不就能控制好球了吗？我让团队成员向两边分散，中间只留两个相对的人控球。初次尝试，就取得了很大成功，队员们的兴致瞬间被提起来了，一个个聚精会神，专注认真。最后，我们以2分钟颠球153下的成绩夺得了冠军。

凡事找借口的人，一定是最不受欢迎的人；凡事找方法的人，一定是最优秀的人。当我们遇到问题和困难时，要主动去寻找方法，而不是找借口推卸责任。我相信：方法永远比困难多。

作者：小惠

团队精神

上周末，我们班到山青世界进行了拓展训练。真人CS、鼓舞人生、攀岩等活动让我们度过了充实的一天。我在"鼓舞人生"这个活动中上了意义非凡的一课。

"鼓舞人生"需要团队成员们齐心协力，使鼓上的网球不停地弹起来，不掉在地上。这个游戏看起来很简单，但真正操作起来却有很大的难度。在这个过程中，每个成员都要掌握好手腕摆动的幅度、左右移动的速度、绳子拉扯的节奏等。我们队刚开始时候配合十分不理想，球也不听话，总是向一边跑。我们这边困难重重，可对手却异常顺利，这让我们受到了沉重的打击。屡战屡败后，我们停下来，商讨战略战术。我们调整了心态，平静下来，再调整人员，将人员按力量均匀分布，使球均匀受力。终于，在不懈的努力下，我们取得了好成绩。我们趁热打铁，再接再厉，成绩一次次地提高，每个人都精神焕发，信心百倍。当教练前来验收我们的训练成果时，突飞猛进的成绩让教练吃了一惊，他对我们大加赞赏。我们备受鼓舞。等到正式比赛的时候，我们沉着冷静、稳定发挥，球掉了就立刻捡起来，跑偏了就移动鼓面。最后，我们拿到了 2 分钟颠球 115 次的好成绩。

宁静的小溪只能偶尔泛起破碎的浪花，海纳百川之后才能拍起惊涛骇浪。每个人都要将自己融入集体，才能充分发挥自己的作用。一根筷子很容易折断，十双筷子却折不断。这是团队重要性的直接体现，相信自己，更要相信自己的团队！

作者：小暖

鼓舞山青

秋天的来临，让小草换上了黄色的衣裳。这时的小草已不是春天的那个嫩娃娃，也不是夏天那个穿着绿色衣服的小伙子，但依然挺立着，风儿轻轻一吹，它们便把身体扭向一边，以优美的舞姿博得人们的赞赏。

当一位身穿红色冲锋衣的教练出现在我们面前时，在山青世界的一天就正式开始了！伴着飒飒秋风，安静的天空飘着棉花糖似的云朵。清晨刺骨的风吹透了层层衣物，直入身体，冻得我们瑟瑟发抖。不一会儿，活动开始了。我们两个队首先参与的是"鼓舞人生"活动。

慢慢冻僵的手拼命地握紧一根根绳子，必胜的信念汇集到小小的鼓面上。我们将一个嫩绿色的网球放在不足 1 平方米的鼓面上，将它一次一次弹起然后再接住。这是如此之难。然而当一次次失败袭来，我们没有放弃。我们失败了无数次，这个小小的网球也掉了无数次。15 分钟的练习时间很快就结束了，我们还想再练一会儿，以取得更好的成绩。但比赛就是比赛，是不能改变规定的。

当一双双冰冷的手搭在一起，嘴里喊着"我们是第一"的口号时，比赛的意义已经体现了出来。我们的团结，我们的坚持不懈，不就是比赛的意义吗？每一个人都准备好之后，比赛开始。2 分钟时间，我们拼尽全力，网球却仍然一次次滚落，但每一个人眼中散发出来的坚定让我们取得了前所未有的成绩。网球在鼓面上连续弹了 50 多下。最终，我们赢了，以 2 分钟颠球 138 个的成绩战胜了另一支队伍。

比赛马上要进入第二轮。我们再一次为自己，为整个队伍加油。但这一次老天没再眷顾我们，我们只连续颠了 13 个。当每个人心里有那么一点点失落时，我们的队长又鼓起我们的热情。

或许是因为天注定，或许是上天被我们的团结感动了，我们又赢了！欢呼声震响了整个山青世界。一次次的失败终于换来了成功，当冰冷的手握紧绳子，心里只想着为团队的荣誉努力时，我们成功了。虽然不是伟大的事情，但这是我们用汗水浇灌的。或许这个游戏很简单，但是它让我们明白了团结的重要性。在一个集体中，只有所有人的心汇集在一起，才会取得胜利！

在这个活动之后，我们又参加了很多活动，但是我觉得这个小小的游戏带给我的启示最大。

一天过去了，我们在山青世界的一天也结束了，短短的几个小时却让我们懂了很多。天渐渐黑了，将圆未圆的明月，渐渐升到高空，一片透明的云，淡淡地遮住月光，田野上面仿佛笼起一片轻烟，晚云飘过之后，田野上烟消雾散，水一样的清光，冲洗着柔和的秋夜。

作者：小瑞

克 服 心 魔

我家住十一楼，我可以无所畏惧地从楼上往下看，却害怕从老家门前的一块稍微有点儿高的石头上跳下来。

当同学们一个个攀上了那 8.1 米的高墙，我虽然还未开始爬，但踩在软绵绵的垫子上，我的双腿比垫子还要软绵三分。教练扶了我一把，说了几句勉励的话。

地心引力像一位母亲，想要把离开她的孩子拉回自己的怀抱。我爬了几步，往下看了一眼，仿佛又回到小时候，站在老家门前的大石头上，几位表哥在下面看着我，鼓励我跳下来，并保证一定会接住我，我还是没跳，好像是叔叔还是姑父将我抱了下来。

现在可没人帮我，我心想。

我开始在心里计算，从这个高度摔下去，教练能不能反应过来拉紧安全绳，还是在那之前我就落在了垫子上，毕竟我离地面太近了。

是摔得舒服一些，还是继续往上爬？这个念头实在是有些荒唐，我又向上爬了几步。

我滞留的时间有些长了，听见有人喊："你现在待的时间越久体力消耗得越快。"

是教练吗？还是某位家长？这次好像没有男性家长过来，那就是教练了吧。像是提醒我似的，我身上的安全绳紧了紧。

我现在爬多高了？我又向下看了一眼，这一眼吓得我差点摔下去。我的左脚已经脱离了岩钉，双手下意识抓紧安全绳，只差那么一点儿，我就脱离岩壁了。

不要管这些，我安慰自己，双手重新抓住岩钉。我手脚冰凉，左手四指都已经抓紧，唯独小指往反方向翘着，失去了知觉。我没有管它，接下来的几步显然是顺畅了一些。

我再次停下来时，教练大喊："加油，还有1米。"

当时我的位置应该是蛮高的，没人看见我笑了，因为我好像一不小心把自己逼上绝路了，这种情况下，不继续爬都对不起这位可爱的教练。

教练的声音始终跟随着我："还有半米。"

半米是多高？我想用眼睛衡量，一般情况下，走路时随便迈出一步都超过半米了。还没等我琢磨透半米究竟有多长，半米就结束了。

"咔——"，剧情到这里，已经可以结束了。现在想起来，攀岩像是一场梦境，我在梦中战胜了自己。

作者：小琦

团结就是力量

上周六是个特别的日子，那天我获益匪浅。短短一天时间，在山青世界这个神奇的地方，我学到了许多令我铭记终生的道理。

团结就是力量，这六个字就是我最大的收获。

上午，我们尝试了"鼓舞人生"这个特别的游戏。这是一个由12个人共同进行的游戏。说是游戏，其实它应该算是一次精神的磨砺。正如教练说的那样，每一个人都是一个团队能否成功的决定者，如果在游戏过程中有人松懈，那么整个团队都将为此付出代价。我们着实体会到了这一点。在对手施加的巨大压力下，我们每个人的心都开始浮躁起来，在一次又一次的失败后，几个同学提出放弃。这让我们的团结不复存在，也是导致我们在第一轮比赛中失败的主要原因。但在失败的刺激下，重新找回了状态，充分意识到团结的重要性，发挥集体的巨大力量，以微弱的优势拿下了第二轮比赛，扳平比分。

在"有轨链车"项目中，团结再次让我们品尝到了胜利的果实。随着队长铿锵有力的口令和队员整齐划一的步伐，我们用团队的力量将对手彻底打垮，毫无悬念地拿下了冠军。

团结就是力量，团结就是胜利，团结就是成功与甜蜜。每个人都对"团结"两个字有了更深刻的理解，这是必然的。"团结"是克服艰难险阻，带领我们走向辉煌的法宝。山青世界之旅让我对这一点深有体会，我深信这会让我受益终身。

团结就是力量，感谢这次特别的人生之旅。

作者：小烁

第三章

与爱同行：高效管理的核心——关爱学生

著名教育家夏丏尊先生说："教育不能没有情感没有爱，就如同池塘不能没有水一样。没有水就不能成为池塘，没有情感就没有教育。"苏霍姆林斯基也说过："没有爱，就没有教育。"

当我们内心充满对学生的爱时，一句话或一个眼神就能温暖一个心灵。如果我们对学生没有足够的爱，再多的说教也很难得到学生的认同。

本章包含如何关爱学生，如何指导学生规划学习、生活，如何与家长沟通助推学生发展的案例。这些案例隐含着无条件关爱学生，尊重学生的个体差异，遵循学生的发展规律，以优质环境助推学生实现自我发展。

一、教育的根本在于爱

教育的根本在于爱。苏霍姆林斯基说："教育者的关注和爱护在学生的心灵上会留下不可磨灭的印象。"爱是教育的根本、教育的源泉，没有爱就没有教育。

2016年的第一场雪，下得飘飘洒洒。第二节晚自习，天空飘起了雪花。眼看雪越下越大，我心想，今年的第一场雪肯定会让学生们兴奋不已，如果学生不注意，可能会出现安全问题。于是我冒着风雪又回到教室对学生们说："外面雪下得比较大，同学们一定要注意安全，回宿舍的路上不要跑，第二天地面可能会结冰，也要注意安全。"

寒冬腊月，室外风雪交加，但老师的一个举动、一句话，温暖了学生们的心灵。在12月的家长会召开前，有一个环节是学生写一封给家长的信，大多数学生都在信中提到了老师冒雪回到学校嘱咐学生注意安全的举动。

"爸爸妈妈，请放心，我在这里很好，班主任对我们非常关心，下雪的那天晚上，他特意从家里来到学校，就为了对我们说一句话——注意安全!"

回忆那天晚上的举动，其实我没有什么特别的想法，只是下意识地想到该提醒学生注意安全。现在想来，把学生放在心里，学生也感受到了老师的爱与关心。

刚参加工作时，我总觉得自己与学生之间有些隔阂，很难走进学生的内心。通过不断学习，渐渐拉近了与学生之间的距离。现在想来，这些变化正是因为真正学会了用细节关爱学生，用爱教育学生。

只有在工作中渗透对学生的关爱，教育管理才会有温度，才会得到学生的认可，我们的教育才会有效果。在对学生充满爱、对教育充满热情的基础上管理班级、教育学生，班主任工作才会事半功倍。

二、关注学生的差异性

最好的教育应该是这样的——在老师、家长的引导和鼓励下，学生最终具备自我发展、完善的动力和能力。

要实现学生自我发展、完善的目的，首先应该尊重他们的个性差异，意识到每个学生都是独立的个体。

学生之间存在个性差异。所谓个性，就是一个人在其生活、实践活动中经常表现出来的比较稳定的带有一定倾向的个性心理特征。学生的个性差异是指学生与学生之间在稳定的特征上的差异。

《基础教育课程改革纲要》明确指出："在教学过程中教师应尊重学生的人格，关注个体差异，满足不同学生的学习需要，使每一个学生都能得到充分的发展。"

每个学生都有独特的成长环境和教育经历，所以他们在成长过程中的表现各不相同。我们应在既定的教育空间和时间内，根据学生的个体差异为他们营造适合他们发展的环境。

下面是我教育学生的例子，从中便可以看出学生的个体性差异。

告状事件

同宿舍的小言和小林经常发生口角，两个人多次到我跟前告对方的状。他们俩有共同点：紧盯对方的缺点，缺少自我反思。但凡有点儿鸡毛蒜皮的事，就争吵不休，一争吵就找我来评理。我教育他们要胸怀宽广，多发现他人的优点，宽以待人，严于律己。这样反复教育他们几次后，两个人来告状的次数略有减少。

学期末的一天，小言找到我，说："老师，本来我不想找您的，因为您告诉我们要胸怀宽广，我自认为还算宽容别人，但总感觉还是不能与小林好好相处，我想知道该如何与小林更好地相处。"

听了这话，我感到很欣慰。半年前还盯着别人缺点，喜欢与别人争论不休的小言，变化竟然如此之大。小言认为自己已经做了很大努力，但效果不好，所以来寻求帮助。

我详细询问小言。他提到，小林平时比较粗鲁。例如，小林坐小言的床后，小言要求小林整理一下，但小林没有认真整理反而言辞不敬，这让小言很难接受。

我把小林找来，刚开始询问他和小言之间的事情，小林就皱起眉头滔滔不绝地抱怨小言。

等小林说完，我问小林："你猜刚才小言跟我聊了什么内容？"

"他肯定是说我毛病多，说我坏话了！"小林气呼呼地说。

"你想错了，刚才小言一直在向我请教一个问题，这个问题是如何能与你更好地相处，他可一句你的坏话也没说哟！"我笑着说。

小林一听，愣在那里，脸有些红。

"半年前你和小言经常因为小事吵架，我教育你们要宽以待人，如今半年过去了，小言已经发生了很大的改变，你认为自己的变化如何呢？"我说。

小林露出不好意思的神色。

"你还要继续努力呀！慢慢来，看看周围的同学是如何跟别人相处的，努力向他们学习，相信你会慢慢改变的。"

"既然坐了小言的床单，就应该给他整理好，避免给他带来麻烦。整理床单是小事，但对待别人的态度是大事。"我对小林说。

由于先天的素质和后天所处的教育环境的不同，学生的个性存在差异性和丰富性，这种差异性和丰富性主要表现在智力类型差异、学习风格差异和个性特征差异上。差异性是教育中必须要面对的问题。接受同样的教育，有的学生变化很大，但是有的学生改变较小，甚至依然处于原先的状态。从小林的个性来观察，如果他不停地受到老师、家长的批评，他会越来越焦虑，意识不到自己的问题在哪里。

在教育过程中，我们必须对学生的道德品质、纪律行为提出严格要求，但在孩子发展的快慢方面，我们则很难要求他们整齐划一。个性差异是客观存在的，也是教育的依据，只有认真研究学生的个体差异，针对其心理的不同特点，因材施教，才会取得良好的教育效果。

擦脚事件

前几天又有人来告小林的状。

小林的下铺是小言，小言的旁边是小硕。小硕对我说："老师，我考虑了很久，不知该不该跟您说？"

"说吧。"我说。

"小林洗完脚后不擦脚，上床时，脚上的水经常滴到我的被子上，我跟他说过很多次了，他也不听。有时候还会滴到我身上。"小硕无奈地说。

我找到小林，详细问起小硕跟我反映的情况。

"我跟小硕说了，他只要把自己的被子、垫子翻起来，我脚上的水就不会滴到他的被子上了，我跟他说过很多次了！"小林气呼呼地说。

"你的意思是为了避免水滴到小硕的被子上，让小硕把被子掀起，让水滴到床板上？"我问小林。

"是啊！我让小硕掀起被子，他不掀，弄湿被子不怪我！"小林说。

"你自己没擦干脚，上床时水滴到别人的被子上，这是你的原因，为什么不解决问题，反而将问题推到别人身上，赖别人不把被子掀开？这样做太不讲理了！难道你不能想想其他办法？"我问。

"那还有什么办法？"小林习惯性地耸耸肩膀。

"你擦干脚再上床，不就没事了？"我问。

"我没有擦脚的毛巾。"小林说。

"那你应该赶紧买一块，没有的话，我送你一块毛巾。"我说。

过了几天，小林总算把这个问题解决了。

值日班长事件

这次，轮到小林当值日班长。我发现小林当值的日志上写得密密麻麻，全班一多半的同学都被他记了违纪。原来，小林是借着这次当值日班长的机会，把那些曾记过他违纪的同学都记上了。

由此可以看出他是比较自我的，心胸比较狭隘，需要进一步引导、教育。

小林的问题的确很多。在如何与他人相处方面，需在小林身上花费较多时间，告诉他应该如何做到"严于律己，宽以待人"，告诉他这是人际交往的黄金法则。

每个班主任都可能遇到过令人头疼的学生，但不管怎样，我们都不能放弃对每一个学生的教育。教育过程需要充满耐心，只有坚持关爱学生，他们才有可能发生改变，只有相信学生，他们才会朝着更好的方向发展，才会有成长得更好的可能。

随着学生的成长，他们的自我认知会逐步提升。在初三时，小林发生了较大的变化，他充分意识到自身存在的问题并努力做出了改变。小林的这些变化，正源于老师对他的关爱和严格要求。

记录这些事情的目的，在于让家长和更多老师意识到不同的学生有不同的特点，不能用统一的标准来衡量所有学生。

很多时候，对孩子的教育，家长会有一种无力感，这里权且造一个词来概括这种感觉——教育的无力感。导致教育的无力感源于以下几个原因。

①对孩子不同阶段的成长需求把握不够准确。教育 12 岁的孩子，可能还用着教育 8 岁孩子的方法。

②没有建立符合自己孩子实际情况的目标。很多时候过高或过低地为孩子设置了目标。

③教育方法单一。要么是专制教育，要么是放手不管，这样的教育最终是失败的教育。

④过于追求完美，以成人的标准来要求孩子。孩子犯错时，家长不分青红皂白地批评，容易让孩子产生抵触心理。

教育是充满耐心和期待的过程，也是充满艺术的过程，我们要认识到教育并不是万能的，也不是完美的。我们应该努力探索孩子的改变、成长需要哪些条件，努力为孩子的成长创造条件，鼓励其自我发展。

苏霍姆林斯基认为，只有能够激发学生去进行自我教育的教育，才是真正的教育。

三、让学生喜欢叫家长

许多学生一听"叫家长"这三个字便十分紧张。因为在他们的认知里，"叫家长"便是犯错的标志，而且这个"错"还很严重，"叫家长"带来的有可能是家长的惩罚，所以学生最怕"叫家长"。但在我的班级里，学生却从一开始的害怕"叫家长"变为了喜欢"叫家长"。这是为什么呢？

家校沟通的方式主要是班主任与家长间的沟通，这种沟通更具体，更贴近学生的生活、学习与成长。班主任与家长沟通时，应注意以下四个方面。

1. 尊重家长，换位思考

沟通时，宜以家长方便为前提。班主任可以提前与家长约定交流时间，这样既不耽误家长工作，又能方便家长。

在一些细节上，一般先了解家长是坐公交车来还是自己开车来，根据家长出行的方式确定谈话时间的长短。如果家长坐公交车来，不能耽误家长离校，谈话时间要短一些；如果家长自驾车来，时间就稍微宽松一些。

初做班主任时，一旦遇到学生犯错且问题又比较棘手的情况，首先想到的就是"叫家长"。于是家长来到学校听班主任滔滔不绝地"诉苦"。整个沟通过程中，班主任处于主动，家长处于被动，一般是班主任提出建议，家长被动接受执行。其实，这样的做法双方并没有围绕学生的问题做出认真的思考，而是把问题聚焦于学生所犯的错误。长此以往，家长表面上虽未表现出不悦，但内心对班主任的工作方式会产生抵触心理。

积极有效的沟通要求班主任首先将帮助学生发展作为沟通交流的第一目的，而非在学生出现问题后再与家长沟通。沟通应时刻以学生的发展为中心，换位思考，体谅家长的难处，这样方能达到家校沟通的目的，形成家校合力。因此，家校沟通，彼此尊重是交流的前提。

2. 目标清晰，立足根本

班主任与家长的交流内容主要可以围绕以下三个方面：一是孩子的教育背景、成长环境、学习习惯和性格特征；二是孩子回家后的表现，家长眼中孩子存在的问题；三是亲子关系，家长与孩子的交流是否存在障碍。

首先，应定好目标。制定目标的目的是在尊重孩子和遵循孩子成长规律及教育规律的前提下，帮助孩子更好地成长。脱离了这个目标，交流的效果可能就会大打折扣。

其次，要运用恰当的方法。班主任工作是十分精细的工作，教育孩子时要关注孩子的内心世界，耐心发掘孩子行为背后的动机。

例如，刚入学不久的小龙非常调皮。开学不久，小龙在厕所门上做引体向上，把门给掰了下来。我批评了小龙，家长立刻带人把门修好了。结果没过几天，小龙又把厕所的一个声控开关抠坏了。

其实，这些行为多是孩子在原来的环境中养成的。我们经常会遇到这样的孩子：对自己的错误毫不在意，甚至百般辩解；对老师的批评表现麻木，没有反应；家长的说服教育对其毫无效果，且常常通过其他方式（说话、做小动作等）来引起别人的注意。

如果孩子受到的批评、指责、否定远远大于引导、鼓励、肯定，那么他们的心理就会产生消极情绪，而不停地批评说教只能强化其不良的行为习惯。

通过多次谈话，我帮助小龙认识到了其行为背后的真正原因，同时引导他通过正向的、积极的表现来获得老师和同学的认可。小龙逐渐改变错误认知，纠正自己的行为。一段时间后，他的行为习惯有了明显改变，一些不良的行为也消失了。

教育应该是塑造人的教育，把成长中的学生看作具有独立人格的人，深入学生的心灵深处，注重方式方法，才能真正帮助学生形成正确的认知，养成良好的行为习惯。

3. 关注细节，提出合理建议

开学测试成绩出来了，小浩和小旭的成绩不是很理想。为了解他们在假期的学习情况，我与他们的家长沟通交流。

小旭做事比较积极，课堂表现也非常好，但每次考试成绩都不太理想。据她的父亲说，小旭在小学时就非常粗心，比较浮躁，这个寒假沉迷于网络小说，所以没有认真完成作业。

我对小旭的父亲提出建议："您有时间的话一定多跟孩子聊聊，帮助她意识到自己在学习方面存在的问题，督促她慢慢改变，让她感觉到家长和老师的关心，提醒她控制上网的时间。"

我找到小旭，再次问起她假期的情况。她说，假期经常看网络小说，有时候会连续看几个小时，还经常跟同学在网上聊天儿，对作业不够上心。我提醒她要注意自我约束，找到成绩不理想的原因，努力改变不好的习惯，养成良好的学习习惯。

在这次谈话中，我关注到一个细节，小旭沉迷于网络文小说，耗费时间比较多，于是给她提议控制上网时间并提醒家长督促。但在谈话过程中没有批评小旭，她感受到的是我对她的关心。以这种方式交流，既能指导家长关注孩子的学习情况，又能帮助孩子认识到自身存在的问题，因此起到了良好的效果。

每个孩子都有各自的特点，我们不能用一把尺子衡量所有学生。作为教育工作者应该做的是支持学生的兴趣爱好，帮助学生实现个体发展最大化，针对学生的个体差异，做出科学的评价。

4. 跟踪反馈，确保沟通效果

小浩开学测试成绩不好，与其家长交流后了解到，孩子在假期沉溺于网络，假期作业完成情况较差，而且在家出现逆反的迹象。

小浩憨厚老实，但在打扫宿舍卫生时经常偷懒，宿舍长反映情况，经观察，发现他的确存在不少问题。

通过与小浩家长的交流，进一步证实了这一发现。小浩的家距学校较远，家长便在学校附近租了房子，假期在家，只有母亲陪伴，父亲因为忙于工作，很少有时间与孩子交流，对孩子的陪伴和教育略有缺失。小浩出现问题的主要原因是缺乏有效的督促，于是与家长进行了沟通。

第一次沟通：与其母亲交流，并提出要求，减少孩子的上网时间，注重巩固知识，争取下次测试成绩有所提升。

第二次沟通：在学生放假前再次约谈小浩家长，建议家长多关注孩子的学习情况，多与孩子交流。

第三次沟通：小浩返校后，及时与其家长沟通，了解小浩在家的表现。同时，对小浩晓之以理、动之以情。在持续的督促下，帮助他意识到自身存在的问题，鼓励他努力克服缺点，改变自己。

小浩有了积极变化，在家能认真完成作业，上网时间大幅减少。家校的有效沟通令小浩发生了明显的改变。

如果家校沟通不当，会产生负面效果，比如加剧孩子与父母之间的矛盾，或者引发孩子与班主任之间的矛盾。因此，我们要及时思考家校沟通的目的、方式、内容，在沟通中班主任是否传达出"帮助孩子更好地发展"这个信息，从而得到家长和孩子的认可。

在班主任积极与家长沟通后，学生有了较为明显的变化，因学生违纪而被"叫家长"的事情未在班里发生。学生听到班主任说"要跟你家长聊聊"时，他们内心是很期待的。

与家长沟通的最终目的是帮助学生更好地发展，朝着这个目标努力的同时，只要将工作做得更细致一些，效果会更好，家长和学生对我们的认可度就会更高。

四、正确面对挫折

当学生遇到挫折而产生不自信的心态时，我们应该及时伸出援助之手，帮助他们树立信心，走出困境。

单元测试结束，小梅找到我，说："老师，最近我学习状态不好！"

我有些惊讶，小梅平时比较认真，上学期进步不小，这次来找我肯定事出有因。

"怎么了，学习中遇到了什么困难？"我问。

"我语文测试考得一点儿都不好！"她有些不好意思，脸上还有些失落。

"哦！语文测试啊，刚刚公布了选择题的答案，你就觉得自己没考好哇！"我笑着说。

"选择题我错得挺多！"她低着头难过地说。

"选择题出错，说明你在语文学习中存在问题，不要因为语文考得不好就认为自己的学习状态不好，语文不代表所有的学科，对吧！"我说。

她点点头。

"这段时间英语和数学也有测试，你的这些学科的成绩还不错，这说明你的学习状态还可以，问题只是出现在语文学习方面。"我说。

她一愣，似乎有些释然。

"你仔细思考一下，选择题出错的根本原因是什么，成绩只是结果，关键是要从结果中反思学习的过程。"我安慰她。

"我认为我学得还不够扎实，虽然记住了老师讲的知识点，但这些知识以选择题的方式出现，我就迷糊了。另外，我的基础知识掌握得还不够扎实，所以出了问题。"她若有所思地说。

"你分析得很好，以后加强这方面的练习，弥补不足，你肯定会提升的！"我鼓励她。

小梅慢慢从强烈的自我否定中走出来，而且找到了到问题所在。

自尊心较强的学生，在遇到挫折时往往会产生否定自己的想法。小梅能将自己的问题主动告诉老师，这是非常值得肯定的。我们应当告诉孩子，遇到挫折时一定要主动寻求老师和家长的帮助。老师和家长应引导孩子发现自身问题，及时帮助他们走出困境。小梅将问题归因于学习状态不好，这是一种比较好的归因，心理学上叫"内部归因"。

从心理学的角度分析，虽然小梅将问题归因于自己，但是她犯了以偏概全的错误。她因为语文考得不好就认为自己的学习状态不好，我们需要改变她的这种错误的认知。在与孩子谈话时，可以参考心理学家艾利斯的合理情绪疗法，通过谈话，帮助孩子改变错误的认知，消除他们的负面情绪。

初中阶段的学生，容易因为一点点挫折就否定自己，此时他们需要老师和家长的细心呵护，并在老师和家长的指导下走出认知的误区，发现问题的根本，从而进行改善。

心理学家韦纳认为，教育和培训将使人在成就方面发生激励变化并促进激励发展，培训的重点是教育人们相信努力与不努力大不一样。

在学校的教育中，学生需要不断得到激励，激励能让他们正确面对挫折，在以后的生活中重拾信心！

五、教会学生管理时间

优秀的学生一定是优秀的时间管理者。其中被西安交通大学少年班录取的小昀就是一位非常优秀的时间管理者，她不仅成绩优异，而且还是学校社团的小提琴手，经常花大量的时间参与学校社团排练演出，同时她也是一位体育健将。

如果不会管理自己的时间，学生很难做到这么出色。那么我们该如何教会孩子管理自己的时间呢？

其实，管理时间的方法很多，如果学生能够灵活运用并养成良好的习惯，他们一定会有收获。

1. 笛卡尔的理性法则

著名哲学家、数学家笛卡尔总结了四条理性法则，其中一条是，必须将每个问题分成若干个简单的部分来处理。

对于学生来说，不论是假期的学习计划，还是某一学科成绩的提升，都可以根据笛卡尔的理性法则进行规划。

以学习英语为例。帮助孩子设定需要达到的目标，然后制订详细的实施计划。课堂上集中注意力听讲，课后及时解决课堂上不明白的问题，及时复习学过的知识，详细列出自主学习英语的时间节点，这样更具有操作性。

学习计划要做到有规定时间、规定内容、规定效果，让学生能量化自己的学习。

设定明确的目标并制订详细的计划，能够帮助学生清晰地把握学习节奏，减少忙乱、拖延等不良习惯。

2. 戴明循环：帮助学生反思

如何帮助学生检验自己学习的过程及效果，考试是常用的方法。但是考试间隔的周期往往比较长，而且是被动检验。戴明循环是一种能帮助学生及时反思、检测学习效果的较好方式。

戴明循环又称PDCA循环。PDCA是英语单词Plan（计划）、Do（执行）、Check（检查）和Action（处理）的首字母的组合，PDCA循环就是按照这样的顺序进行质量管理的科学程序。

学生可以用PDCA循环来管理自己的学习。下面以学生一天的学习为例，来看看如何利用PDCA循环进行学习管理。

P（Plan）计划：当天的学习计划。

D（Do）执行：实施当天计划。

C（Check）检查：当天哪些地方还可以改善、提升，好的方面与不好的方面分别是什么。

A（Action）处理：对检查结果进行总结处理，对成功的经验加以肯定，并继续保持，对失败的教训加以总结，引起重视。

3. 事务清单：帮助学生提高效率

有些学生容易受到外界干扰，比如看到同桌开始做英语作业于是赶忙去做英语作业，看到别人背古诗自己立刻放下手头任务去背古诗，缺少计划性，效率低下。

事务清单能让学生分清事务的轻重缓急，有利于他们管理好时间。使用一段事务清单后，学生能够逐步利用事务清单管理时间。

举个例子。

今天需要处理的事项：①整理、复习数学易错题；②英语背诵第3课第5段；③6点前上交语文练习；④梳理错题本……

老师应指导学生学会排列事务先后顺序并严格按照次序去完成事务，督促他们养成良好习惯。

时间管理四象限法是个比较实用的时间管理方法，也可以指导学生使用。时间四象限法是美国管理学家科维提出的时间管理方法，这种方法按照轻重缓急把工作划分为四个部分。

学生可依据四象限法，对学习任务进行分类。

①既紧急又重要：如上交的作业。

②重要但不紧急：如巩固知识、反思学习情况、阅读名著、积累诗词等。

③紧急但不重要：如与自己关系不大的各种活动。

④既不紧急也不重要：日常生活中的一些事情。

引导学生重视前两类事务，帮助学生依据事务的先后顺序制订目标计划，引导学生自我检测，相信孩子能更好地管理时间，学习效率会有明显提高。

六、激发学生的学习动机，培养学生的自我控制能力

有些家长或老师总抱怨孩子不爱学习，没有学习欲望，甚至逃避学习。究其原因，是我们没有意识到学生的学习动机到底是什么。如果真正了解了他们的学习动机，我们就可以采取更有针对性的措施，激发学生的学习动机。

什么是动机？教育学家伍尔福克在《教育心理学》中写道："动机通常被看作是一种激发、指向以及保持某种行为的内部状态。"

从心理学的角度分析，动机分为内部动机和外部动机。

内部动机是指为寻求个人兴趣和能力的提高而产生的一种寻求挑战并克服挑战的自然倾向。当孩子对某项活动存在内部动机时，他们不需要诱因或奖赏，因为活动本身对他们来说就是奖赏。例如，孩子们为获得更多科学知识阅读大量书籍、动手做实验、查阅资料等。

相反，如果孩子仅仅是为了得到好分数而去做某件事，这种动机就属于外部动机。

学生参与某一活动，常常是内部动机和外部动机共同作用的结果，因此我们通过外部动机激励学生的同时，也要培养学生的内部动机。

从心理学的角度来看，不同的心理学派对如何激发动机的观点也不尽相同。

行为主义心理学派认为，激发动机的主要方法是奖励。用奖励来激发学生的学习动机，是家长和老师常用的方式。

例如，小雨想进入田径队（高期望），而且进入田径队对她来说非常重要（高价值）。这样，小雨的动机就比较强烈。但是，如果小雨没有机会进入田径队或者进入田径队对她来说毫无意义，她就不会有任何动机。

在学习中同样如此，学习好对他来说是否重要，决定了孩子的动机。

自我决定理论认为，在与世界相互作用时，每个人都要对自己的生活有控制感。在教育中，我们应该引导学生自主学习，激发他们的兴趣，培养他们的创造性，让他们乐于挑战。只有当学生出于自己的选择而非出于家长、老师的命令时，他们的学习动机才会更强烈。这种方式能帮助学生把学习目标真正内化为自己的目标。

然而很多家长和老师喜欢用高控制的话语跟学生交流，如"多亏听老师和家长的话，你的成绩进步了吧！"，或者是"你看看，不听老师和家长的话，不按照要求做，最终吃亏的是自己吧！"

这属于高控制话语。这种方式的确能够帮助学生提高某些科目的成绩，而且很多家长也比较喜欢控制力强的老师。但这样做会削弱学生学习的内部动机。因为当学生必须以某种方式行动时，他们体验到的自我控制感较少，他们的内部动机就会减弱。

反之，如果学生对某项活动有较强的控制感，他们的内部动机就会增强。例如，在语文小测验中，小文的阅读题有进步，如果老师这样表扬他："小文，不错！你看，按照老师平时的要求做到位了，你的阅读题做得就比以前好多了，成绩也有很大提高！"这是一句高控制性的话。老师把学生成绩提高归因于听话，这样就破坏了学生的自我控制感，削弱了其内部动机。

同样是表扬小文，如果老师换一种方式："小文，不错！你看，你对文章有了更深入的理解，审题、读题更加认真，而且学有所用，所以你的阅读题做得比以前好多了，成绩也有很大提高！"这样的话语给小文的感觉是非控制性的，肯定了他取得好成绩是因为他自己的能力提高了，这样会增加他的内部动机。

那么如何培养学生的自我控制能力呢？

当学生有进步时，我们可以这样说："很高兴看到你的进步，我发现你这段时间上课注意力更集中，作业做得更认真了，而且能及时复习，你的变化令你成绩提高了很多。"

当学生出现问题时，我们可以这样说："你要思考一下课堂上的效率和做作业的认真程度是不是不如从前了，在学习方面投入的时间是不是减少了？"

对自控力相对较差的学生使用高控制的话语利于他们提高成绩，对自控力较强的学生使用低控制的话语易于他们进一步提高自我管理能力，所以我们需要根据学生的具体情况采用不同的策略，才能有利于他们的成长。

七、要有"看一看，等一等"的态度

进入初中，学生的身份从小学生变为初中生，开始了新的学习生活。学生的身份虽然已经改变，但很多学生还延续着小学时的习惯和认知。班主任在与学生沟通的过程中，一定要考虑实际情况，给他们适应的时间，切忌用一把尺子衡量孩子。在教育过程中，班主任应该给学生创设良好的环境，要有"看一看，等一等"的心态。

1.看一看

小通人高马大，在刚入学的军训中表现非常积极，和几个同学拎着纯净水桶帮全班同学打水，军训休息时还帮同学们倒水。但小通的缺点也非常明显，小动作多，爱说话，站不住，坐不稳，做事拖拖拉拉。

面对这样一个孩子，老师该怎么办？

每个孩子的行为背后都有深刻的心理动机，小通之所以出现这么多问题，与他之前所处的教育环境和家庭教育密不可分，因此我们要看一看孩子的成长背景。

虽然我们经常讲"同学们不要害怕犯错，你们的每一次犯错都是成长的机会，但不要多次犯同一个错误"，但是小通犯的错误实在太多了，值日班长记录班内违纪情况的前三天，小通就被记了 8 次违纪。针对这种情况，我约谈了小通的家长，进一步了解孩子的成长背景。通过沟通，了解到关于小通的两个重要信息：一是小通从小由妈妈管教，妈妈对小通管理严格，对孩子批评指责较多，加上小通的爸爸在外地工作，与小通的沟通较少，小通不太服从家庭的管教。二是小学三年级时，小通担任大队委，但因纪律问题被撤掉，从那时起，小通的纪律表现就持续下滑。

严苛的家庭教育对低龄的孩子比较有效，但是随着孩子年龄的增长，自主意识的增强，孩子很有可能对家长产生对立情绪，出现不服管教的情况。

个体心理学创始人阿德勒在《儿童的人格教育》中说："在儿童教育中，对于偏离正道的儿童做出恶毒的评价是最严重的错误。这种评价对情形的好转没有任何帮助，只会加重孩子的懦弱。相反，我们应该鼓励他们。"由此可见，过于严苛的批评指责对孩子来说是弊大于利。因此建议小通的妈妈减少对孩子的严厉批评，帮助小通发现自己的问题。

在与家长、孩子交流时要注意方式方法。首先应该对孩子和家长表明沟通的目的，即通过交流了解孩子的成长环境，帮助孩子成长。因此在谈话初期，孩子就减少了戒备心理，更容易接受班主任的建议。

小通被撤职的事对他影响较大。小通说，他被撤职后，自我约束力进一步下滑，经常与老师对抗，很难听进老师的批评建议。其根本原因是，他经历挫折之后没有真正走出挫折的阴影，他渴望老师的关注，但一直用错误的方式引起老师和同学们的关注，这种方式就是违反纪律。违反纪律的行为虽然让自己暂时吸引了老师和同学的关注，却令自己的行为习惯愈加恶化。

针对小通不断违纪的深层次原因，我们在教育孩子时，一定要有耐心，静下心来"看一看"孩子行为背后的真正动因。

2. 等一等

了解小通行为背后的原因后，我意识到一味地批评不但不会帮助他改变目前的情况，反而有可能强化他这种不良的习惯。在与小通交流时，我了解到这样一件事：小通在暑假买了很多书而且读完了大多数，还自学了初三的数学、物理。于是鼓励他："你这么喜欢读书，而且成绩也不错，希望你在纪律方面有所改善，你现在违纪次数较多，这与你之前所处的环境有关，希望你逐渐减少违纪次数。"

通过我的帮助，小通意识到他违纪的主要原因是错误的认知，也意识到自己行为背后的深层原因。旧习惯的改变和新习惯的养成需要时间，班主任在此过程中一定要有耐心。通过谈话，小通意识到了自己的问题，在第二周的学习、生活中，小通虽仍有违纪情况出现，但次数已经明显减少。可见，学生的成长是一个漫长的过程，不是一蹴而就的，我们要用平常心看待这样的情况。

教育者最重要的任务之一就是确保每个学生不会丧失信心，并帮助那些已经丧失信心的学生重拾信心。阿德勒说："只有儿童对未来充满希望，充满信心，教育才可能成功。"

班主任在班级管理工作中需要经常"看一看，等一等"。"看一看"是要看透学生行为背后的深层次原因，看透学生的内心世界，关注学生的成长环境。"等一等"是相信学生具有自我完善和发展的能力，只要给予学生良好的环境和充足的时间，学生就会不断地自我完善。

八、写给家长：我们需要怎样的家庭教育观？

父母是孩子的第一任老师，父母的一言一行对孩子有着最直接的影响。因此，父母教育孩子的理念、态度和方式对孩子的发展有着极为重要的影响。

什么样的家庭教育是良好的家庭教育呢？

①家长对孩子有明确的要求，会帮助孩子设置恰当的目标，并帮助孩子努力实现。

②给孩子设置一个界限，对孩子提出的不合理要求予以制止，很少妥协。

③主动、有耐心地倾听孩子的感受，平等交流。

④关爱但不溺爱，教育孩子有耐心。

用两个字概括就是"高""严"，"高"是高标准，"严"是严格。这类家庭充满着理性、民主和关爱。

心理学家鲍姆令德提出了划分家长教育孩子方式的两个维度，即要求和反应性。要求指的是父母是否对孩子的行为建立适当的标准，并督促其达到这些标准。反应性指的是对孩子接纳和爱的程度及对孩子需求的敏感程度。根据这两个维度，可以把教养方式分为权威型、专制型、溺爱型和忽视型四种。

第一，权威型父母，即"高要求、高反应"型。此类父母对孩子的要求比较合理，他们会为孩子设立一定的目标，对孩子的任性行为加以限制并督促孩子努力达到目标。同时，他们不缺乏父母应该有的温情，能够关爱孩子，能够耐心地倾听孩子的述说，而且能晓之以理、动之以情，激励孩子自我成长。简言之，这类父母的教育方法充满理性、民主和关爱。这种教养方式下的孩子大多独立性较强，善于自我控制和解决问题，自尊心和自信心较强，喜欢与人交往，对人友好。

第二，专制型父母，即"高要求、低反应"型。这类父母会用自己的标准要求孩子，却没意识到要求过高对孩子的个性是一种变相的扼杀。他们不接受孩子的反馈，对孩子缺乏关爱，要求孩子无条件服从，不能及时鼓励和表扬孩子。专制型属于高控制型的教养方式，对孩子要求极高。这种教养方式下的孩子大多缺乏责任感，怯懦、抑郁、自卑，缺乏自信心。

第三，放纵型父母，即"低要求、高反应"型。这类父母溺爱孩子，尽自己最大的可能满足孩子的要求，他们很少对孩子提出要求。这种教养方式下的孩子随着年龄的增长，会变得具有较高的冲动性和攻击性，缺乏责任感，做事缺乏恒心，依赖性强，缺乏自制力和自信心。

第四，忽视型父母，即"低要求、低反应"型。这类父母不关心孩子的成长，他们很少对孩子提出要求，在感情上也表现得比较冷漠，缺少对孩子的关爱。在这种教养方式下长大的孩子自控能力差，对生活比较消极，通常具有较强的攻击性，很少替别人考虑，对人缺乏热情与关心。这类孩子在青少年时期可能出现不良行为。

权威型教养方式更容易培养孩子自信、独立、合作、积极乐观、善于社交等良好的性格品质，而专制型、放纵型和忽视型教养方式会给孩子带来一些不良影响。

根据以上的研究结论，家长该如何做呢？建议如下。

第一，定标准，严要求，及时引导、帮助、激励。提出合理的要求或为孩子设定恰当的目标，要求孩子达到这些目标，在孩子努力过程中及时引导、帮助、激励，协助孩子达成目标，巩固权威。

第二，做孩子的榜样。父母是孩子终生模仿的样板，父母的言传身教，对孩子的心理发展和品性形成具有非常重要的影响。父母的一言一行、一举一动都是孩子的效仿源。孩子最初的行为习惯都是从父母那里学来的。因此，父母要特别重视榜样对孩子的巨大影响作用，时时处处为孩子树立榜样。

第三，家庭教育理念与学校要求一致。孩子在成长过程中一般要受到三种教育，即学校教育、社会教育和家庭教育，这三种教育只有密切配合，相辅相成，才能取得成功。家长应主动加强与学校的联系，互通信息，互相协调，为孩子的发展创造良好的条件。

第四，耐心教育，爱之有度。教育需要耐心。家长应掌握爱和严的分寸，把真正的爱与无原则的娇惯、溺爱、放纵区分开来。同时，家长要及时发现孩子的问题，给予帮助，而非一味地指责。此外，对孩子的爱应表现得有节制、有分寸。有些父母常说："我把一切都给了孩子，为他牺牲了一切，甚至牺牲了自己的幸福。"有人认为只有这样才是爱孩子，其实过分的爱，恰恰是害。

许多工作是经过培训后上岗的，唯独家长这份"工作"没有经过培训就上岗了。家长在教育孩子的过程中容易陷入误区，希望家长多学习教育理论，遵循孩子的成长规律，用更好的家庭教育方式助推孩子的成长。

九、走入孩子独特的内心世界

每个孩子都是独立的个体，他们有独特的内心世界。我们只有尊重孩子的个体性差异，关注孩子的真实想法，才能更好地助推他们成长。

班主任若在工作中忽略学生的差异性，就不能真正了解学生真实的想法。

事件一：退出奥赛班

小源成绩不错，老师推荐他加入学校的数学奥赛班，小源很高兴。但是某天晚自习时，本该去学奥数的小源却在班里上自习，当他被询问没去的原因时，他说："老师，我觉得上奥赛班会影响我的成绩，就不上奥赛班了。"

"一周就一节奥数课，怎么会影响成绩呢？学奥数的其他同学好像也没有影响成绩吧？"我说。

"我觉得我还是退出吧！"他说。

"好，不过，你在做出决定前，应该先征求我的意见，然后我再告知负责奥赛的老师，不声不响地退出不太好。"我说。

小源点点头。

事件二：临阵退出

级部开展三国故事展演评选，小源和小硕以相声参评。选拔过后，他们的相声没有进入最终名单，为鼓励他们，我说："我再跟评选老师们争取一下！"

不久，我对小源和小硕说："你们进入最终名单了，好好准备彩排。"过了几天，负责彩排的老师给我打电话说："你们班那两个说相声的学生怎么没来呢？"

"他们可能忘了，我找个学生去叫他们。"我说。但小源和小硕最终也没有去。

我问小源未参加的原因。

"负责活动的老师让语文课代表帮忙写个相声的串场词，课代表不给写，所以我们就没去。"小源说。

"你不就是语文课代表吗，这好像不是主要原因吧？"我说。

"小源，如果你想放弃话，最好先跟我说一声。"我口气中略带埋怨。

事件三：拒绝工作

小源来到老师办公室，对我说："下午级部搞活动，班长安排我去摆凳子，我不想去！"小源说得挺坚决。

听到小源这样说，我便有些着急，心想：作为班委重要成员，小源应该去，不然谁去呢？

"你为什么不想去呢？"我问。

"因为是班长开的会，我认为干这活儿的应该是班长，这不是我的职责。"

小源说。

下节课上英语，小源可能怕耽误听课。

学校经常在南校区礼堂举行活动，为方便同学就座，级部需要各班派学生在活动进行前摆好凳子。之前，正副班长去摆凳子的次数较多。小源作为团支书，出乎意料地拒绝了做这项工作。

听到小源的回答，我严厉地批评了他。他像是受到了极大委屈，泪水涌出来。

事后反思，原因在于我工作做得不够细致，没有指导班长把摆凳子的任务分配好，所以到了学期末问题就暴露出来。

很多时候，班主任不能从学生的角度来考虑问题，总是将自己的意志强加给学生，这就会使学生的积极性受到打击。因此，班主任要善于走进学生的内心，了解他们真实的想法，帮助学生解决问题。

很多父母、老师缺少这样的能力：通过观察孩子的行为深入探究其背后的想法、感受和需求。

如这幅冰山图（图3-1），水面以上的部分是可见的，就像孩子的行为；水面以下的部分是不可见的，就像孩子的感受、想法和需求。大多数时候，我们看到的只是水面上的部分。

图3-1　冰山理论

如果仅仅根据孩子的行为做出判断，并基于这个判断与孩子交流，效果往往是低效或是无效的。如果我们不仅能看到孩子的行为，还能了解他们行为背后的动机，这样才有可能真正理解孩子。

小源背后的动机是什么？小源喜欢并积极参与班级事务和级部活动，有责任心，这一点很好。但他又担心学习成绩，把成绩看得很重。当参与班级事务与个人学习成绩发生冲突时，小源选择了以学习成绩为主，这无可厚非。但他为什么没有直接向老师说出自己的想法呢？这应该是小源的自尊心使然。

老师帮助他进入奥赛班，他退出，不好意思对老师说；老师帮助他的节目进入展演，他怕耽误学习放弃，不好意思对老师说；他是班委，推掉摆凳子的任务，不好意思对老师说。当他终于鼓起勇气对老师说时，他却被老师严厉地批评了一顿。

我问小源："父母如何看待你担任班干部这件事？"小源说，父母认为学习是最重要的，是否担任班干部并不重要，只要成绩好就行了。

小源的父母也和我交流过是否该鼓励孩子担任班干部这个问题。他们之间似乎有些分歧，父亲希望孩子有担当，母亲则希望孩子将更多的精力放在学习上。看似不大的分歧，一般情况下不会表现出来，但等到孩子需要做出选择的时候，对孩子的影响就会放大。

每个孩子的内心都有一个属于自己的世界，这个世界受父母、周围教育环境等的影响。孩子的世界观、价值观就是在多种因素的影响下逐渐形成的。

孩子的成长经历不同，精神世界自然会有所不同，我们该如何感知孩子的内心世界呢？

与家长面对面交流是非常好的方式。利用家长周末探望孩子的时间沟通，了解孩子的成长背景、受教育经历及性格特点，努力让自己对孩子有更全面、细致的了解。每个孩子都是独立的个体，他们有自己的频率，不断发出自己的信号。班主任就像一个接收器，必须不断调频，才能准确接收不同学生发出的"无线电波"。

在与小源及其家长交流之后，我进一步了解了小源的想法，然后用更全面的视角来看待小源的行为。其实，小源是个责任心极强的孩子，他负责管理班级的男生宿舍，在工作中尽职尽责、有条不紊。他还辅导两个成绩薄弱的同学，这两个同学在他的帮助下有了较大进步。每个孩子都会积极寻求自我完善、自我发展的途径，小源的这些行为也是有责任担当的一种表现。

作为班主任，只有从不同的角度观察孩子，才能真正了解他们内心的真实想法。每位班主任都应该像经验丰富的演奏者，准确地拨动学生心中那根琴弦，奏出悦耳的旋律，这就是成长的旋律。

十、爱在细节：关注成长中的细节

课前一支歌开始了，同学们都起立唱歌，后排的小马却一动不动。我拍了拍小马的肩膀，他仍然一动不动。我转到小马面前，只见小马眼圈发红，眼中满含泪水，像是受了极大的委屈，问他原因，他却一句话也不说。

等课前一支歌结束，我找到小马了解情况。

"我受不了了，她侮辱我的人格，她必须给我道歉！"小马生气地说。

"你把受的委屈跟我说说。"我说。

"我有一个不好的习惯，背课文时手乱动，课代表抓住我这习惯不放，非得让我站起来，我没有站起来，她就让我去走廊站着，我感觉很委屈！"

"你背课文时手乱动，这可能会影响别人的注意力，但让你去走廊是课代表做得不对，你认为她侮辱你人格，是什么原因呢？"我问。

"她平时经常叫我神经病。"小马生气地说。

结合小马的日常表现，我们来思考一下。

①小马存在不良习惯，脾气又很倔，遇到批评或被人误解时不知该如何应对。但入学一年来，他各方面的表现有一定进步，只是问题仍然不少。

②小伟是英语课代表，认真负责，做事情井井有条，但管理方法不够灵活。

③班主任应该帮助小马调整心态，帮助小伟调整管理方式。

于是，我找到小伟，首先肯定了她认真负责的工作态度，同时提醒她注意方式方法：有违纪情况发生时，可以先提醒违纪的同学，如果对方不改正，再告知老师，由老师处理。老师问小伟，是否叫过小马"神经病"，小伟不好意思地承认了。

我对小伟说："小马感觉受到了侮辱，希望你能够向他道个歉。"

小伟来到办公室，对小马真诚地说："对不起！"

我对小马说："入学以来，老师看到了你的进步，也相信你还能更进一步，同时也要善于接受别人的意见。"

最终，小马的情绪得到了好转，小伟也通过此事意识到了自己在管理中的不足。

学生遇到困惑时需要老师的引导和帮助，老师要善于发现学生的问题，帮助他们及时解决问题、自我反思，从而让他们以良好的心态投入到学习生活中。

学生遇到挫折时更需要老师的引导。

小晴是刚转来不久的学生，她在原先的学校学习成绩比较优秀，但与现在班里的学生相比，还有不小的差距。经过半个学期的努力，小晴已经有了很大进步。

一天，小晴的家长打电话跟我说，孩子打电话时号啕大哭，小晴可能与她所在的小组发生了一点儿矛盾，请老师了解一下孩子的情况。我找到小晴，询问事情的原委。

某些学科实行小组评价的方式，有一次测试，小晴的成绩不理想，她听说组长希望自己离开小组。据了解，组长可能出于评价的压力表达了一下自己的想法，但这个想法对自尊心非常强的小晴来说，似乎是个晴天霹雳。

小晴对我说："我这次测验分数较低，组长说的话让我很难受。"我安慰小晴说："组长并没有恶意，他只是表达一下自己的想法，换位思考，假如你是组长，小组评比结果不理想，你心里肯定也很着急。"

她点点头。

"你在原先的学校成绩优异，很少受到委屈，但生活、学习并非一帆风顺，会遇到各种各样的困难，所以你要调整心态，正确看待这些困难。"我提醒她。

小晴接受了我的建议，以积极的态度投入到生活学习中。事后我找到小晴的组长，指导组长在管理中要注意方式方法。

学生的成长，既会有成功的乐趣，也会有失败的苦涩，这才是他们正常的成长过程。学生遇到困难和挫折时，作为班主任应及时帮助他们调整心态，帮助他们以更加积极的心态投入到生活、学习中去。

学生的成长正是由生活中的这些细节组成，每个细节都是发挥教育作用的关键点。

十一、爱在耐心：教育需要持之以恒的精神

对于"问题学生"的定义，一直有着不同的说法，一般来说，"问题学生"泛指与同龄人相比较，在思想品德、学习能力、遵规守纪、行为自律等方面出现某些障碍，需要在他人的耐心教育和精心指导下，才能回归正常学习生活的学生。"问题学生"的改变需要班主任具有一定的耐心和爱心，是一个漫长又艰辛的过程，也是一项综合性工作。

小马就是个很好的例子。刚入学时，小马的习惯很不好，桌洞里经常乱糟糟的，跑操跟不上节奏，内务一塌糊涂，经常迟到……小马的不良习惯不是短时间内养成的，正所谓冰冻三尺非一日之寒，改变他也需要一个漫长的过程。

我打算先帮助小马解决迟到的问题。小马总是级部最后一个出宿舍的学生，所以通报批评对小马来说是家常便饭。通过观察，发现他迟到的主要原因是内务整理能力较差。

我找到小马，对他说："我安排一位同学每天教你整理内务，两周内如果你被通报，我不批评你，但两周之后，你能做到不被通报吗？"小马说能。

两周之后，小马果然很少迟到了，虽然他仍存在不少不良习惯，但小马在一点一点进步。

学生的成长是一个漫长的过程，只要给他们营造一个良好的环境并给他们充分的时间，就一定会有进步。小马的成长之路并非一帆风顺。升入初三不久，英语老师说："100分的试卷，小马考了不到70分。"

初二上学期，小马还能考到班级中游水平，但随着知识难度的增大和知识量的增加，他的成绩下降较快。我认为有必要与小马的家长聊一聊，进一步了解小马的家庭情况和他的成长经历。

我先与小马父亲沟通。其父坦言对小马的管理不到位，小马在家里也比较叛逆。小马的暑假生活是这样的：早上很晚才起床，起床后随便吃点儿东西便开始玩游戏，一直玩到晚上 12 点多，有时能玩到凌晨一两点。

小马显然已经沉溺于网络游戏中。针对小马的情况，我制订了一个辅导计划，第一步是提醒督促。

我提醒小马，初三要以学习为主，控制玩游戏的时间。同时叮嘱小马的家长及时提醒孩子远离网络游戏。

第一次沟通后，效果不是很好。于是，开展第二步计划，与小马及其家长进行三方会谈。

小马的妈妈一瘸一拐地走进办公室，她去年冬天骑电动车摔伤双腿，在床上躺了大半年，至今走路都很困难。

小马的妈妈叹着气说："孩子大了，说他也不听了。"

小马的父亲说："我拿本书在他屋里坐一会儿，想陪他学习，但他总是把我赶出来。"

夫妻二人唉声叹气。

我跟家长介绍了小马在学校的学习情况，提醒他们，小马不可以再继续沉迷于网络游戏了，那样会严重影响他的成长。

我问小马："你妈妈身体不便，你在家帮父母做家务吗？"

小马摇摇头。

"回家后，学习可以先放一下，一定先帮家长做点儿家务，这才是最应该做的。"老师说。

小马有些意外，他没想到我会把帮助家长做家务看得比学习更重要。我引导小马意识到三点：一是家长不容易，自己要有感恩之心；二是在初三这个关键阶段，自己需要做出改变；三是老师一直在关心自己。

转眼到了国庆假期，我打电话了解小马的情况。小马家长反映，小马已经很少玩游戏，作业也能及时完成了。

国庆假期后，我找到小马，对他的转变表示肯定："你有一定的基础，如果能提高自控能力就一定会有进步，初三的时间非常紧张，如果继续浪费时间，你的中考就很成问题，希望你继续改变，远离游戏。"

小马感受到老师对他的关心，初三上学期期中考试后，他主动向我保证，再也不玩游戏了。

自此，小马就像变了一个人，每天早早来到教室，这与过去的拖拖拉拉形成鲜明的对比。他积极训练中考体育项目，为了能让自己的体重达标，他甚至开始控制饮食。

寒假前，我特意找到小马，叮嘱他："这学期你进步很大，贵在坚持，寒假期间一定要继续管理好自己，我相信你！"

寒假期间，家长向我反映，小马在家不仅没有玩游戏，而且非常认真刻苦，作业也是自他进入初中以来做得最好的一次。

虽然小马在中考前始终居于年级中下游，但我一直激励他不要放弃。他也一直刻苦努力地学习，没有放弃自己的梦想，最终，小马以优异的成绩考入本校高中部。

小马的例子充分说明，要改变一个"问题学生"，班主任一定要有充分的耐心和爱心，既要宽容他的错误，又要帮助他树立信心，激励他不断前行。

小马毕业后写给班主任的信

三年的初中生活即将画上句号，班主任对我的教育已经深深地印在脑海里。三年的学习与生活，充满酸甜苦辣。我从一个不懂事的孩子，知道了人生在勤的道理。

初一刚入校时，我在生活自理方面欠佳，同学间的关系处理不当，我很苦恼，一度到了厌学的边缘。但您充满耐心，教我生活方面的知识，和我谈如何处理同学之间的关系。我也努力地改变自己，最终解决了这些问题。

初二时，我迷上了网络游戏，整天沉溺在游戏世界里，学习成绩一路下滑。父母的劝说，我烦得要命，甚至对父母恶言顶撞。初二升初三的整个暑假，我都荒废了。初三开始后，测试成绩一次比一次差。您看在眼里，急在心里。您一次又一次找我谈话，耐心鼓励我，并找我的父母交流，想办法帮我戒掉游戏，回到学习正轨上。在您的指导下，我悬崖勒马，迅速调整了自己的状态，投入正常的学习中，最终顺利考入了高中。

我要特别感谢您，您严而有度，风趣幽默，有宽容心，以身作则，把我们班管理得井井有条，受到同学们的尊敬和爱戴。

三年里，我在稼轩学校学到了很多知识，也学会了如何做人，学会了感恩。三年的同学就要各奔东西，但我相信我们的心会永远连在一起，我要继续努力，为母校增光添彩。

小马

2019.6.26

十二、让孩子远离借口：帮助孩子建立安全感

小凯迟到了。

"老师，我陪小春回教室拿饭卡，吃饭晚了，所以迟到了。"

"老师，我吃完饭后，陪学生会的小言检查餐桌，所以迟到了。"

"老师，我去餐厅之前去了趟厕所，所以迟到了。"

当我问小凯今天为什么迟到时，小凯就不断地解释，一口气说了以上三个毫不相关的理由。找借口的现象不仅出现在小凯身上，其他同学也有类似情况。当老师询问犯错原因时，他们会找各种各样的借口来搪塞。

那么，学生习惯于找借口的原因是什么呢？

我与小凯的家长交流小凯的情况，发现小凯的家长对孩子要求特别严格，如果小凯达不到家长的要求或犯了错，家长就会责罚孩子。另一个习惯找借口的孩子的家长也存在类似的问题，家长将责备、惩罚作为教育孩子的主要方式。显然，孩子不断找借口的原因是为了逃避惩罚，孩子对惩罚的恐惧导致了找借口的行为。

班主任在学生入学初确立的第一个目标就是帮助学生建立安全感。按照马斯洛需要层次理论，安全感是人类的第二大需要，只有满足了安全需要，学生才能进一步产生更高层次的需要。犯错是学生成长过程中的必然，因此我们在管理中应避免对学生的严厉惩罚，只有这样做才能帮助学生逐步建立安全感。对因受到严苛的家庭教育而没有建立安全感的小凯来说，帮助他建立安全感是非常必要的，但又是非常困难的。

我采用了三种方式帮助学生建立安全感。

1. 与家长沟通，督促家长改变教育方式

改变学生的习惯很难，帮助家长改变教育孩子的方式更难。首先跟家长说明孩子喜欢找借口的现状，继而分析这一现象的产生是因为过于苛刻的要求和经常性的责罚。孩子在严苛的教育方式下容易形成"犯错等于惩罚"的错误认知。因为害怕责罚，孩子就会通过找借口的方式逃避惩罚或减轻惩罚。久而久之，就养成了找借口的习惯。

有时家长会当着老师的面责骂自己的孩子，可以想象，这个孩子在家里受到的责骂可能会更严重。

小凯的爸爸说："小凯经常犯了错却不承认。"

"这是因为害怕你打他或骂他。"我开门见山地说。

小凯的爸爸一愣，说："他上小学时，打骂还管用，孩子长大了，打骂好像不管用了。"

殊不知，家长粗暴的教育行为正是孩子找借口的根源。家长应以尊重孩子的方式与孩子进行平等的沟通和交流，努力给孩子一个良好的家庭环境，避免使用惩罚的方式。

2. 允许学生犯错

"小凯，你连续给自己找了三个借口，每一个借口都是为了避免批评或惩罚。"我说。

小凯不好意思地低下头。

"谁都会犯错，不用害怕，关键要意识到自己错在哪里。"我安慰他。

"找到迟到的原因，争取不再犯类似的错误，如果下次再迟到，要如实跟老师说明情况，不用担心惩罚。"

小凯点点头。

在班级制度方面，班主任既要允许学生犯错，也要明察秋毫，对无意犯错的学生要宽容以待，对故意犯错的学生要经常提醒。过于严苛的管理难以让学生建立安全感，会强化学生找借口的行为。

3. 帮助学生树立健康的自尊，高自尊带来安全感

经常找借口的学生往往是经常被批评、被责罚的学生，粗暴的教育方式极大地打击了孩子的自尊心。

著名心理学家纳撒尼尔·布兰登发现，无论是心理疾病患者，还是在学

校和工作中成就感较低的人，都有一个共同点：他们只有受伤的、不充分的或者被压抑的自尊。布兰登对自尊的定义是一种"感觉自己有能力应对生活的基本挑战及自己值得拥有快乐"的心理状态。

学生犯错后不停地找借口，其实是一种低自尊的表现。

我们可以采取以下三项措施帮助学生树立自尊：一是关爱低自尊的学生，关心他们的生活和学习，让他们感受到关爱；二是公平对待低自尊的学生，及时发现他们的闪光点；三是经常与他们谈话，帮助他们意识到自己爱找借口的根源，指导他们及时改变不良习惯。

通过以上三项措施，帮助学生逐步建立安全感，使其逐渐改掉找借口的不良习惯。同时加强家校沟通，帮助学生树立健康的自尊，关注学生的内心世界，帮助习惯于找借口的学生逐步建立安全感，这样做才会让他们的借口越来越少。

十三、如何应对学生打小报告：警惕波斯信使综合征

在班级管理中，班主任经常会遇到学生打小报告的情况，班主任在处理这类情况时，一定要警惕自身的波斯信使综合征。

每次班委会，当听到班里最近纪律不错、卫生成绩比较好等正面的信息时，班主任就比较高兴，但听到自习比较乱、跑操不整齐等负面信息时，班主任就生气。尤其当某个班委不断地给班主任反馈坏消息时，班主任就开始对这个同学产生其他看法，认为他只会发现问题。

《穷查理宝典》"人类误判心理学"一章中，论述了"波斯信使综合征"。

古代波斯的国王有一个习惯，就是嘉奖带来好消息的报信人而杀掉带来坏消息的报信人。在心理学上，有一个名词就是以此命名的，叫"波斯信使综合征"——倾向于讨厌与坏消息有关联的一切事物。波斯信使综合征在我们的生活中十分常见，在班级管理中也经常存在类似现象。

例如，个别学生或班干部及时向班主任反映班级问题，班主任听到问题后经常迁怒于这些汇报信息的同学，长此以往，班内就没有学生或班干部汇

报问题了。到后来，班级出现了问题，班主任却还不知道。

班主任要想在班级管理中避免波斯信使综合征，需要注意以下四点。

①增强学生的责任心，帮助学生树立正确积极的意识。让学生意识到，班内出现问题的时候，每个人都有责任向班委或班主任汇报，这种行为不是打小报告，而是有责任心的体现。

②班主任要对汇报问题学生的行为予以认可，尽量保护汇报问题的学生。如果让抱着极大的责任心来汇报问题的学生受到不公正的对待，无疑会打击他们的积极性。

③班主任要提升自我修养。波斯信使综合征是个人难以接受坏消息的心理表现，如果班主任能调整心态，提升境界，看清楚利弊，就可以避免波斯信使综合征。

④要让学生养成有坏消息立刻告诉班主任的好习惯。查理·芒格说："伯克希尔有一条普遍的规矩，有坏消息要立刻向我们汇报，只有好消息是我们可以等待的。"班主任要引导班委形成共识，及时发现问题、汇报问题并解决问题，不然就有可能造成严重后果。

良药苦口利于病，忠言逆耳利于行。班主任的修养极为重要，如果不能以正确的心态和恰当的方法应对类似问题，往往会影响班级管理。

因此，班主任要不断学习，多从管理学、心理学、教育学汲取养料，在学习和实践中不断反思、总结、提升，这样既有利于班级管理，又有利于个人成长。

十四、激励：学生前行的加油站

学生的自觉发展不仅需要良好的外部环境，还需要健康的心理状态，自信是良好的心理状态的重要标志。帮助学生树立自信，促进学生发展，是班主任的重要工作。

刚入学时，我推荐小政参加级部组织的各种活动，小政因此得到很好的锻炼。班委竞选时，小政当选班委，协助体委工作，同时，他在学生会干部的选拔中脱颖而出。

小政初一时比较调皮，但经过历练，进步很大，不良习惯越来越少，成绩也有起色。

初二下学期，小政想退出学生会，认为学生会工作太影响学习了。因为学生会组织的活动比较多，从活动的筹备到开展，学生会成员投入时间很多，的确会耽误学习时间，但学生会的工作又很能锻炼学生的能力。如果能把握好学习节奏，安排好学习时间，学生不会耽误学习。

"你在学生会干得不错，你先想想如何合理安排时间才不会影响学习，如果下次考试的确受到影响，你再退出也不晚。"我鼓励他。

小政点点头走了。

不久，学生会负责老师找到我，提到小政想退出学生会的想法。我决定鼓励小政继续在学生会工作。于是小政继续在学生会工作并担任学生会的活动部长。在此期间，小政的成绩不但没有被耽误，而且还有一定的提升。到了初三，学生会的活动相对初一、初二较少，所以小政继续在学生会工作。

初三下学期刚开学，小政认为初三学习很紧张，想退出学生会，专心学习。

这次我并没有阻止他，说："你根据自己的情况决定吧。"

没过几天，级部要从学生会成员中选拔、表彰优秀干部，我想到了小政。

"小政，这次选拔优秀干部，你认为自己有机会吗？"我问。

小政尴尬地说："我刚退出学生会。"

"我想到了一幅漫画，两个工人挖金子，一个人在一个地方挖了一段时间没有挖到金子，便认为这个地方没有金子，就换一个地方挖，结果换了好几个地方都没有挖到金子，其实他有几次差一点儿就挖到金矿了；而第二个人在一个地方一直坚持挖，最终挖到了金子，你就像前一个人啊！"我说。

小政不好意思地低下头。"老师，即使在学生会工作，我觉得也轮不到我当选优秀干部呀！"小政说。

"为什么这样想呢？你经常担任活动的主持，对学生会贡献也不少。"我说。

"我帮你争取一下，看还有没有机会。"我安慰他说。

负责学生会的徐老师说："初三学生会的工作不多，主要是执勤工作，两周执勤一次。"

"小政缺乏自信，如果没有我们对他的鼓励，他也不会干到现在，这次能不能再给他个机会，再让他回到学生会？"我提议到。

我找到小政，对他说："我跟徐老师说明了你的情况，你去找徐老师，争取回到学生会。"

通过以上谈话，可以明白以下道理：一是凡事要坚持，不能半途而废；二是做事要有信心。

通过以上案例，在班级管理过程中不能用成绩衡量学生的成长。学生的成长主要体现在自我认知的提升及自信的建立。除了营造良好的外部环境外，班主任还可以通过谈话的方式激励学生，帮助他们塑造强大的自信心，这也是促进学生成长的重要途径。

我曾问小政："你如何看待这件事？"

"老师，我认为凡事要坚持，我一定会更加努力！"小政深有感触地说。

班主任的一句话，一个关心的行为，可能会直抵学生内心，助力他们继续前行！

十五、一张执勤牌引发的思考

自习课，我正观察班里的纪律情况，平时经常违反纪律的小海吸引了我的注意。

只见他坐在座位上，挺直腰板，把校服拉链拉好，同时整了整衣领，端端正正，脸上露出严肃认真的神情。

他准备干什么呢？他将同桌的执勤牌端端正正地挂在胸前，又整理了一下衣领，然后将双手规整地放在书桌上，又挺了挺腰板，他低头看了一下胸前的牌子，脸上露出自豪与满足的神情。

这是多么美好的一个场景啊！一个家长、老师眼中的调皮孩子却在一块小小的执勤牌前表现得如此乖巧。

原来，我们眼中调皮的孩子也渴望成功。于是，我决定尝试换一种方法帮助小海。

学校一楼大厅摆放着关于科技创新的展板。小海在市航天模拟器比赛中获得第一名，且在省航模锦标赛中获得一等奖。

我找到他，对他说："小海，祝贺你，你成名人了！"

小海一愣，没明白我的意思。

"大厅的展板上有你获奖宣传照，现在不只全校师生知道初三有个航模小专家叫小海，周六日来校的家长也知道你的名字了！"

只见他咧着嘴笑了起来，双手揉搓着，脸有些红。

我拿出手机，给他翻看自己拍的照片，对他说："这些照片很有纪念意义，我要好好保存！"

小海高兴地笑了。

我对小海说："你以前也是一个名人，不过名人两个字得加引号，而现在老师们见了我就说，咱班那个小海真不赖！"小海脸上露出幸福的微笑。

"小海你得抓住机会，成为名副其实的名人啊！"我鼓励他说。

小海很认真地向我点点头。

小海开始慢慢变化，课下少了他打闹的身影，课堂上他也开始主动学习，在同学和老师的眼里，小海真的变了。

每个孩子都有美好的梦想，希望我们用更恰当的教育方式给他们机会。

十六、给孩子发展自我的机会：鼓励孩子参加社团活动

学校里开设的社团种类繁多，有文学社团、航模社团、书法社团、合唱社团、民乐社团、排球社团等。这些社团多得令学生眼花缭乱，学生充满好奇，积极参与。家长开始担心，参加社团是否会影响学习？

作为班主任，认为学生参加社团利大于弊，主要体现在以下方面。

1.扩大求知领域，完善知识结构

学生在社团活动中会学到课堂之外的知识，参加一些课堂上没有的活动。社团活动能培养学生主动探究思考的意识，也能拓宽学生的知识视野，丰富

学生的知识结构。

2. 活跃学生的思维

以参加艺术社团为例。艺术素养对学生的成长具有重要的作用和意义。通过培养和提高学生对艺术的感受力、鉴赏力和创造力，可使他们完善品格，丰富感情，拓展思路，增长才干。大量事实证明，许多有重大发现的科学家在探索真理的过程中都怀有某种审美情感，而这大都与他们青少年时代所受过的艺术熏陶有很大关系。在声乐和器乐的学习中，学生能活跃思维，认识和掌握事物的内在规律。

3. 提升学生的自我教育能力和内驱力

"自我教育"是指学生能自己提出任务，主动采取措施，自觉进行思想转化与行为控制，自觉主动地把思想道德规范内化于心，通过实践转化为比较稳定的自觉行为。只有自觉地把客观要求与影响内化成自我需要，才能达到自我期望的思想境界，成为良好品德形成的内驱力。从这个意义上来说，主动参加社团是学生提升自我教育能力和激发内驱力的有效途径和方法。

4. 帮助学生走出马太效应的负面影响

在班级管理中，经常出现这样的现象：一个性格外向的学生，积极参与活动，很容易引起老师、同学、家长的注意，于是他参与各种活动的机会就多，锻炼的机会就多；相反，部分性格内向，不积极参与活动的学生获得的机会就少。久而久之，班里出现"强者恒强，弱者恒弱"的现象。这是马太效应在班级管理中的负面作用之一。

参加社团活动，有利于孩子在社团活动中发现自我、实现自我。有些学生缺乏自信，不愿参与班级活动，但在参与社团活动的过程中，他们会不断发现自己的优势，树立自信心，进而产生积极的心态。所以，参加社团活动是孩子重新找回自信的途径，也是消解马太效应在班里的负面作用的一种方法。

在老师的鼓励下，班里有近一半的学生参加了不同的社团，学生在社团活动中享受乐趣、学习知识、锻炼身体、磨炼意志，他们会因此受益一生。

中考前夕，学校有五四文艺演出，参加合唱团和舞蹈队的学生要利用晚自习排练节目，但他们总能安排好时间，找到高效的学习方式补上落下的功课。中考时，班里参加合唱团、舞蹈队的学生都取得了优异的成绩，顺利进入理想的高中。事实证明，参加社团活动不但没有影响学习，反而帮助学生提升了自觉发展的能力。

因此，在班级管理中，班主任要站在学生成长发展的角度，鼓励学生积极抓住促进自我发展的机会。

十七、做一个学生喜欢的班主任：与学生共情

共情是理解他人特有的经历并相应地做出回应的能力，其核心在于理解。共情能够帮助我们站在他人的视角去思考问题，缓解紧张关系，和他人建立积极的情感连接，赋予我们以活跃的能量和意义感。在班级管理中，共情可以让班主任站在学生的视角去考虑问题，学会如何理解学生的感受和想法。

以下是我在班级管理中运用共情的例子。

学生会每天晚上都会通报一日常规的检查结果。此刻学生和班主任都比较紧张，学生担心自己被通报，班主任则担心班级被通报的问题太多。

学生会体育部通报：因走操人数太多，对以下班级提出批评。

听到自己的班级被通报批评，学生很失落，尤其是因生病而走操的学生，他们感觉学生会批评的就是自己。学生会通报的目的是协助班主任进行管理，尽量减少学生不跑操的现象。

为了安抚学生，我对学生说："同学们，今天我们班因走操的同学太多而被通报，我和大家一样难过，但请大家放心，我不会因为通报批评而去追究同学们的责任。只要同学确实因身体不适来找我请假，我一定开绿灯，虽然班级会被通报，但我认为大家的健康比通报更重要，我绝不能让大家带病跑操。"

听了我的话，学生们有些惊讶，他们意识到班主任不仅关心他们的健康，而且还理解他们的真实想法，尤其是班主任真诚地表达了自己的观点——学生的健康比通报更重要，从而与学生共情。

人本主义心理学家罗杰斯认为，当人们感到自己得到别人敏感而准确的理解时，他们会形成一系列促进自我成长的态度。可见，共情的确具有强大

的力量。

在班级管理中，与学生共情能有效提升师生关系的质量，促进学生的发展。遇到学生无意犯错而被通报的情况，我会这样说："我能体会到大家犯错后的不安与内疚，大家要认识到犯错的原因，尽量避免再犯类似错误。"学生被通报后本来就有内疚感，当感受到班主任对他们的充分理解时，他们就会展示出积极向上的态度。班主任只有站在学生的角度思考问题，给予学生关心，才能帮助学生更健康地成长。

优秀的班主任善于与学生共情，他们能走进学生的内心，想学生之所想，所以与学生的关系比较融洽。罗杰斯认为，可以从具有共情特质的人身上习得共情的存在方式。如此看来，共情的能力可以通过训练习得，所以我们应努力提升自己的共情能力，做一个让学生喜欢的班主任。

第四章

讲故事，塑品德：高效管理的根基——品德培养

陶行知先生认为，先生不应该专教书，先生的责任是教人做人，学生不应当专读书，学生的责任是学习人生之道。

一、教学生求真

教育学生做人要实事求是，敢于说真话。

上完一节校级公开课，小晨来到我的办公室，他眼圈发红，泪珠滴落。

我忙问："怎么了，小晨？"

小晨说："老师，对不起！我不该在公开课上指出您的错误，让您难堪。"

上课时，小晨给我指出"吕蒙"的"蒙"少写了一横，在小晨的提醒下，我及时改过来，并对他说"谢谢"。没想到，这件事对小晨的影响竟然这么大。

"没事，小晨，老师也会犯错，你做得很对，不要自责。"我说。

"可是，下课后，同学们都责备我，说不应该给老师指出错误，老师一定很生气，而且还有很多老师在听课，所以我来跟您道歉。"小晨擦了一把眼泪说。

我又安慰了小晨几句，小晨才平静了心情。

可以想象公开课结束后班里的情景：因为小晨在公开课上给老师指出了一个错误，引发周围同学七嘴八舌的议论，小晨在同学们的议论下，意识到不应该指出老师的错误，进而认为说真话是可怕的。

如果老师因为学生给自己指出错误而去责备他们，这才是可怕的事情。学生就会有问题不敢提，进而不敢说真话。我安慰完小晨，来到班里对学生们说："老师犯错也很正常，我要感谢小晨给我指出错误。"

从这件事可以看出学生善良天真的一面，他们认为在公开课上要配合老师，让课堂流畅，所以很多学生认为指出老师的错误是不应该的。学生的心是好的，替老师着想，但这种思维习惯很可怕。

课堂是学生求知的世界，是一个充满真诚、探索真理的地方，容不得半点儿虚假。但有时老师过分强调自己的权威，而忽略了学生才是课堂的主体，以至于学生不敢提出自己的见解。真正以学生成长发展为目的，老师不应介意学生给自己指出错误，反而应该鼓励学生要有质疑的精神。

这件事引发了我对德育的进一步思考。子曰："己欲立而立人，己欲达而达人。"老师与学生是相互依存的生命统一体，所以作为肩负"立人"使命的老师，首先要做到"立己"。因此，我们要关注教育中的细节，身正师范，以立德树人为根本任务。立德，就是坚持德育为先，通过正面教育来引导人、感化人、激励人；树人，就是坚持以人为本，通过合适的教育来塑造人、改变人、发展人。教育无小事，事事有教育。我们经常对学生说要"说真话、做真事、做真人、求真理"，要求学生在生活、学习中务必求真务实。

陶行知先生说："千教万教教人求真，千学万学学做真人。"

为未来社会输送人才的学校，应培养学生的求真务实的精神，作为探求真知的课堂，应该充满讨论、质疑和真诚。

（补记：2022年，小晨同学进入清华大学求学，希望他继续保持求真求实的精神。）

二、聊聊谦虚

学期初，个别学生有些浮躁。浮躁的主要原因是自我满足、内心骄傲。有的学生可能认为自己上学期学得不错，或是开学测试成绩还行，就有了骄傲的情绪。

作为班主任，我结合学生的表现谈谈对谦虚的认知。

关于谦虚的名言很多，如"满招损，谦受益""谦虚使人进步，骄傲使人落后"等，无一不提到谦虚的益处。

生活中，我们喜欢与谦虚的人交往而远离骄傲自大的人，这也从另一个方面说明了谦虚的人在遇到困难时得到帮助的可能性更大，而骄傲自大的人则容易失败。

其实，学生在学习中也同样存在类似的情况。

有的同学考好了，沾沾自喜，骄傲自大，结果下一次就考得一塌糊涂。有的同学谦虚谨慎，脚踏实地，成绩虽波动不大，但一步一个脚印的进步。大家可以观察一下，不管是成绩好的同学还是人际关系好的同学，他们都有一个共同的特点：谦虚。

谦虚是一种优秀的品质，我们应当经常反思自己在待人接物时是否能做到谦虚。

王阳明的《传习录》中记载这样一件事：

> 癸未春，邹谦之来越问学，居数日，先生送别于浮峰。是夕，与希渊诸友移舟宿延寿寺，秉烛夜坐。先生慨怅不已，曰"江涛烟柳，故人倏在百里外矣！"
>
> 一友问曰："先生何念谦之之深也？"
>
> 先生曰"曾子所谓'以能问于不能，以多问于寡有若无，实若虚犯而不校'，若谦之者良尽之矣。"

大意是，邹谦之向王阳明求教学问，送别时，王阳明对邹谦之依依不舍、念念不忘。朋友问王阳明为何对邹谦之如此挂念？

王阳明引用了《论语·泰伯》里曾子的话来回答朋友的提问。曾子说："以能问于不能，以多问于寡；有若无，实若虚，犯而不校，昔者吾友尝从事于斯矣。"大意是，自己有才能却向没有才能的人请教，自己知识多却向知识少的人请教，有学问却像没学问一样；知识很充实却好像很空虚；被人侵犯却也不计较——从前我的朋友就这样做过了。

"问于不能、问于寡"是指学习应有谦逊态度，"有若无，实若虚"是指人应谦虚而不自满，"犯而不校"则表现出一种宽阔的胸怀和忍让精神。

我们可以发现，王阳明赞赏的是像邹谦之那样有谦虚品质的人，文中虽然没有说邹谦之如何谦虚，但我们从王阳明评价中可以看出邹谦之的谦虚品质是让王阳明敬佩的。

心存谦虚，可以从别人那里学到好的品质，也容易得到别人的帮助，得到别人的认可和接纳。

《传习录》中还有这样一段记载：

> 先生（王阳明）曰："人生大病，只是一傲字。为子而傲必不孝，为臣而傲必不忠，为父而傲必不慈，为友而傲必不信……谦者众善之基，傲者众恶之魁。"

王阳明认为骄傲带来的危害是非常严重的。生活、学习中，有的人经常炫耀自己的优点，但对自己的缺点避而不谈，谈到自己的优点就扬扬自得，但一触及自己的缺点就转移话题。究其原因，是谦虚不够骄傲有余，这样就会导致自己慢慢陷入困境。

还有些人，经常拿自己的优点与他人的缺点对比，也会产生骄傲情绪。也有些人经常调侃别人的缺点，殊不知，这样的做法不仅降低了自己的涵养，还会对自己的心态及人际关系产生不利的影响。

谦虚的人总能发现自己的不足，多奋起而追；骄傲的人却总是沾沾自喜，多停滞不前。

正如《礼记·曲礼》所言："傲不可长，欲不可从，志不可满，乐不可极。"请同学们戒骄戒躁，保持谦虚的态度，才能更进一步。

三、用爱触摸孩子的心灵

因为一些原因，学生直到5月才返回学校。复学之初，班主任要认真考量学生较强的归属感和不安全感之间的微妙关系，为学生回归校园生活做好细致入微的工作。

1. 做好有温度的细节，增强学生归属感

根据马斯洛的需求层次论，社交需要即对归属感和爱的需要，属于第三个层次。

心理学研究表明，每个人都害怕孤独和寂寞，希望自己归属于某一个或多个群体，比如希望加入某个协会、某个团体，这样可以从中得到温暖，获得帮助和爱，从而消除或减少孤独和寂寞感，获得安全感。

根据班级问卷调查分析，90%的学生渴望回到学校学习，具有较强的归属感需求，同时90%学生对复学之后的学习充满忧虑，缺乏安全感。

（1）一颗棒棒糖，开学甜蜜蜜

网课学习期间，我利用网课软件自带的抢红包和抽奖功能，每节课抽出一位幸运学生，幸运学生可获得棒棒糖一支，这提高了学生上课的兴趣。开学之后，不止网课期间被抽到的同学获得一支棒棒糖，其他同学也收到一根棒棒糖。这个小举措让刚刚复学的学生缓解了紧张感，在甜蜜的感觉中强化了复学前对班集体及学校的归属感。

（2）一块毛巾，传递爱心

小涵同学头发有些长，去学校理发店理发后，她的脸上、脖子上全是碎头发，我把她叫进办公室说："这是学校新下发的毛巾，我还没有用过，你拿着去洗手间清理一下，免得头发扎得脖子难受，用完后放回办公室就可以。"虽然仅是给孩子提供了一条毛巾，但却让学生感受到了老师对她的关心，增强了她对班级和学校的归属感。

复学之初，班主任一定要关注学生学习中的细节，让这些细节充满温度。班主任通过充满爱心、细心和耐心的工作，努力打造充满温暖的班级环境，强化学生对班集体和学校的归属感。

2. 与学生共情，提高学生安全感

根据共情理论，班主任在班级管理中要时刻站在学生的角度看待问题，积极关注学生成长中的细节，对学生无条件地接纳。

按照马斯洛的需求层次论，如果低层次的需求没有得到较好地满足，就会影响较高层次需求的发展。学生复学之前，学习问题是悬在他们头上的"达摩克利斯之剑"，这给学生带来极大的不安全感。因此，复学初，通过

谈话的方式与学生共情，可为学生营造良好的成长环境，帮助学生消除不安全感。

（1）个别谈心，安抚情绪

小尧的妈妈给我电话说："老师，孩子很想家，每次给我打电话都打十几分钟，麻烦您找他谈谈……"

小尧想家的主要原因不是想念家人，可能是在学习方面有了不安全感。

不出所料，通过谈话得知，小尧居家学习期间比较懒散，复学之后发现了自己与他人的差距，对自己极没有信心。

"小尧，你这种情况还是比较多的，不只你，据我了解，不少同学居家学习效果不佳，你先不要担心。"我说。

"可是，老师，我网课期间没有认真学习，担心开学后跟不上其他同学。"小尧一边流泪一边说。

"你能意识到自己的问题，说明你反思意识比较强，其实不少同学和你一样，遇到困难时就会想家，这很正常。开学后，老师从基础开始帮同学们梳理知识，如果你能静下心来，充分利用好课上和自习时间，多努力，会慢慢补回来的，有什么困难可以随时找老师，我们随时帮助你！"

…………

问卷调查显示，班里90%的学生对复学之后的学习感到忧虑。老师在与学生谈话时始终站在学生的角度考虑问题，充分理解学生的内心感受，安抚学生的情绪，逐步消除学生的不安全感。

通过谈话，小尧逐渐意识到自己存在的问题，当他感受到老师对他的理解和支持后，他的情绪逐步变得稳定。

（2）讲好故事，传递信心

复学之后，不少学生因学习效果不佳而缺乏自信，除了与学生谈心之外，我还经常给学生讲一些在困境中不屈不挠、勇于前行的名人故事，通过这些励志故事，唤起学生的同理心，激励学生树立坚定的信心。

3.树立榜样，正向引领

复学后，随着学生在心理、生理方面的成长，部分学生有了较大进步。班主任要及时发现这些学生的闪光点，进行正向引领。对个别习惯不好的学生，班主任应单独谈话予以提醒，不宜当众批评指责。

准确发现学生的闪光点，及时予以肯定和鼓励，在班内形成良好的正向引领，这样的做法既消除了学生的不安全感，又能增强他们对班级和学校的归属感。

马斯洛的需求层次论有两个基本出发点，一是人人都有需要，某层需要获得满足后，另一层需要才出现；二是在多种需要未获得满足前，首先满足迫切需要；该需要满足后，后面的需要才显示出其激励作用。如果一味地渲染时间紧迫的氛围，放大学生在假期的不良表现，无疑会破坏学生的安全感。

在未建立安全感的情况下，谈何归属感，谈何学习，谈何成长？因此，我们应用爱心触摸学生的心灵，与学生共情，让学生在爱的天空下飞得更高。

四、开学之后好好"吃茶去"

开学后，有学生陆陆续续来到办公室找我谈心，这几个学生在假期大都过得逍遥自在，但开学后紧张又焦虑。

（一）

小亮来到我办公室，满脸后悔、不好意思地说："老师，我假期作业做得不好，没有做完。"

"那你说说你的假期生活吧！"我说。

"旅游回来后上辅导班，上午上课，但中午一有空，我就拿出手机来玩，下午也是边做作业边玩手机，跟同学一起写作业时，也是一边听音乐一边玩手机。"

"那晚上你是如何安排时间的呢？"

"我晚上最早 12 点睡觉，晚的时候凌晨 2 点多睡觉，在被窝里玩手机打游戏，上午 10~11 点才起床。"他很不好意思地说。

"那你不着急吗？"

"临开学还有十来天的时候，我才意识到作业还有很多没写，当时爸爸妈妈白天不在家，所以我又起了贪玩的心，打开手机玩游戏，无聊的时候还会刷视频……”

"那你爸妈不管你吗？"

"也管，不过我把自己关在自己屋子里，他们也不知道我在干什么。"

"家长不检查你的作业吗？"

"我不让他们看。"

"这样下去很危险，初三是关键时期，你要学会控制自己，争取有所改变。"

"我想把手机交给家长保管，以后认真完成作业，在学校好好学习，我定的目标是……”

"好的，相信你，努力吧！"

（二）

小文问我："老师，初三了，我有些紧张，感觉压力大，学不进去。"

"你在假期肯定花费了很多时间玩手机吧！"我问。

"的确是这样的，这个初三我不再动手机了！"小文似乎很坚定地说。

"你的想法很好，你们这个年龄的孩子大都喜欢玩手机，关键要有自控力。"

"寒假也不玩了吗？"我问。

"不玩了，老师，开学后我一直紧张怎么办？"小文说。

"你喝茶去吧！"我给他说。

小文不明白我的意思。我给他讲了"吃茶去"这个典故。小文若有所思地回班学习了。

（三）

小藤对我一语点破他的问题很不好意思。

"初二成绩下滑到这个程度，我很替你担心，你分析原因了吗？"

"就是太贪玩了，回家后作业基本不认真做。"小藤说。

"你在假期做什么事情呢，一直玩手机游戏吗？"我问。

"没玩手机，因为我爸爸没收了我的手机，让我好好学习！"小藤说。

"虽然你没玩手机，但从另外一个角度来分析，不玩手机正是你没完成作业的原因，你想玩手机，但是你爸爸没收了手机，你心里肯定是这样想的：不让我玩手机，我就不好好做作业！"我说。

"我当时的确是这样想的。"小藤有些脸红。

"你既然希望自己能考个理想的高中，这学期应该好好想想该如何努力改变了。"我说。

（四）

"我也不知道怎么回事，开学后怎么都背不过古诗！以前好像不是这样的。"

"别人在暑假已经背了很多遍，所以背得快，别人的大脑一直在思考有关学习的东西，而你在学习上投入的精力太少，所以上课时，你的反应有些慢。"我说。

"我听说你跟某某同学是小学同学，他夸你小学成绩还不错。"我又说。

"是的，小学时我成绩比他好……"他有些兴奋。

"现在你成绩不理想的原因是什么？"我问。

"说不出来。"他说。

"我给你指出几个细节，你思考一下，体育课训练蛙跳时，能偷点儿懒就偷点儿懒，喊口号能不使劲儿就不使劲儿……在学习上是不是也有类似的情况呢？"我提醒他思考。

"班里比较勤奋的同学中是否有你的身影呢？我还是希望你能认真思考一下。"我说。

"明白了，老师。"他说。

在与学生谈话时，了解到部分学生对开学后的学习还是比较担心的，于是给学生进行心理指导。

自习时间，我跟同学们说："前几天有几位同学找我谈心，谈了自己的困惑，我建议其中一位同学去'喝茶'！"

同学们笑了。"不要笑，此'喝茶'非彼'喝茶'，是有典故的。"我说。

我给他们讲了这个典故：有僧到赵州，从谂禅师问："新近曾到此间么？"僧曰："曾到。"师曰："吃茶去。"又问僧，僧曰："不曾到。"师曰："吃茶去。"后院主问曰："为甚么曾到也云吃茶去，不曾到也云吃茶去？"师召院主，主应喏，师曰："吃茶去。"

有人加工成故事，是这样的：

> 一日，两位刚到寺院的行脚僧人慕名来找赵州禅师，请教修行开悟之道。赵州禅师先问其中一人在以前来过这里没有，回答没有来过，赵州禅师让他吃茶去。又问另一位僧人以前来过这里没有，回答来过，赵州禅师还是让他吃茶去。在身边的寺院监院这时满腹疑问，连忙问赵州禅师："师父，新来的叫他吃茶去是可以理解的，来过的人为什么也叫他吃茶去呢？"赵州禅师突然喊了一声监院的名字，监院应声答应，赵州禅师同样让监院吃茶去。

对于这段公案，柏林禅寺里"禅茶一味"碑记中以"新到吃茶，曾到吃茶，若问吃茶，还是吃茶"的十六字加以概论。

作为班主任，我跟学生谈了自己对这个故事的理解。柴米油盐酱醋茶，是老百姓家庭中的必需品，更是平民百姓每天为生活而奔波的七件事，俗称"开门七件事"。而茶又居于七件事的末端，是极为普通寻常的事，"吃茶去"或许就是告诉我们从身边最普通、细小的事做起。因此，对待学习，我们就应该扎扎实实，从做好细节开始。

五、如何促进孩子学习的主动性

上午刚打开手机，便看到一位家长发来的消息：老师您好！麻烦您抽空和孩子聊聊吧！作业拖拖拉拉，要上交的作业能及时完成，不交的作业就拖拉，学习积极性不高，我一说他就急，请您说说他吧。谢谢！

看到这个消息，我不禁想到前段时间的一个家长发给我的类似的消息：老师好，孩子叛逆很严重，网上上课小动作不断、走神，课下作业有很多时候就是应付，不认真，甚至不做。昨天我在他的房间找出以前没做完的作业，放在他的桌上，到今天也没主动去补上，语文作业我每天都要督促他。昨天我看到老师发的让整理笔记、读书，没有提醒他，结果他没做学案。今天开完班会，我就告诉他把今天每科作业都记一下，自己做个计划，按时完成，结果他一点儿行动都没有，一动不动。我感觉拿他没办法，所以想跟老师沟通一下，看有什么好的方法能让他有所改变，让他对学习有主动性。

还有一些家长也发过类似的信息，其主要内容大多是关于孩子在家学习懒散或是学习主动性不强的问题。

我在回答家长的问题时大体表达的是这样的观点：让孩子去经历，用孩子能接受的方式给孩子提供建议。

这是一个看似简单却又极其复杂的问题。因为在平时的家庭生活、学习中，孩子呈现出的状态是一个各种因素交互作用的结果，我们不能以简单的逻辑方式来试图解决这些问题。但是我们可以尝试以逆向推理的方式来关注孩子的成长历程及现状，并做出有益于孩子成长的思考和举措。

我们首先应该思考孩子是真的丧失了积极性吗？

显然不是，因为家长在懒散和积极性的前面加上了一个定语——学习的。例如，孩子每天晚上着急去打篮球，趴在桌子上画几幅画，读几本漫画书，甚至是总想着用社交软件聊聊天儿、玩玩游戏等，这些不都是积极主动的表现吗？在孩子们喜欢的这些方面，我们什么时候看到孩子懒散过呢？

其实，我们都希望自己的孩子能展示出积极向上的精神面貌，但我们却仅仅认为在学习知识方面的积极才是积极，结果就以偏概全地给我们的孩子贴上了标签——懒散、不积极。

但问题又来了，家长会说孩子在学习之外投入的时间太多，以至于荒废了学业。这逐渐接近了问题的本质——孩子为何减少了对学习的兴趣，而对学习之外的事情却充满向往？我们都曾记得六七岁的孩子背着书包高高兴兴地进入学校，他们的脸上充满着可爱而灿烂的微笑，可是仅仅过了几年，有些孩子一提起学校就愁眉苦脸，甚至学校成了他们最不愿去的地方，作业也成了他们最头疼的事项，这不禁让人重新审视夸美纽斯在几百年前说的"学校是儿童才智的屠宰场"这句话。这种情况下何谈学习的积极性呢？

下面从家长方面来进行分析，也就是家长过多地关注孩子的成绩而忽略了孩子的成长规律。

这是问题的关键。举个例子，有的家长可能会因为孩子在一、二年级时的书写或朗读不好就不断地给孩子传递"你这方面薄弱，得努力加强"的信息，而这往往意味着否定而非期待。类似的教育方式看似不断地给孩子提高标准，其实是在不断地挫败孩子的信心。随着孩子学龄的增长，父母的目光也逐渐聚焦在孩子的短板上，而忽略了孩子的闪光点。

过度关注孩子的学业成绩导致父母将目光聚焦到孩子在学习方面的问题，这种行为就会导致晕轮效应（指当认知者对一个人的某种特征形成好或坏的印象后，他还倾向于据此推论该人其他方面的特征）。因此，有的家长会经常这样评价自己的孩子：不知道学习，就知道玩；我的孩子太懒散了，积极性不高；孩子真叛逆……

其实父母的问题在于，给予了孩子过多的批评，导致孩子想要做好某些事情的信心遭受打击，这种打击不是一次两次，有的孩子可能从踏入校门的那一刻起，他们就被父母的这种评价包围着。这种情况下，孩子很难一直保持着对学习的兴趣。

有些家长会反思，自己的确是存在这样的问题，该如何做才能避免这些问题，并助推孩子发展呢？

首先我们要意识到，我们在做父母前，没有人专门学过这样一门学科——如何做父母，我们的教育经验往往来自我们的父辈或老师，而这些教育方式是否科学有待考证，虽说这些方法有合理的地方，但很多方法却存在严重的问题。

因此，父母首先要改变自己的教育理念，要站在孩子成长规律的角度，把孩子视为平等的人，民主而公平地与之探讨成长的问题。

家长常常会说"照我说的去做"，而不是"照我做的去做"。（《孩子·挑战》）

以使用手机为例。我们经常一边刷着手机，一边对孩子说："别玩手机了！你的作业做完了吗，你知道你的学习为何不好吗？"这种现象在我们的家庭生活中十分常见。我们为何不与孩子平等地交流使用手机的时间、空间问题？

对孩子来说，拥有一部手机即意味着拥有一部分自由的同时也承担了一部分责任，但我们看到的是因为没有规则的设置导致孩子沉溺手机，最终，父母在埋怨和暴怒之中强行夺走孩子的手机，孩子也因为手机而与家长产生强烈的对抗。

冲突的背后仅仅是因为这一块有电子芯片和屏幕的巴掌大的东西吗？归根结底，还是我们的教育理念和行为的问题。

父母究竟该给孩子怎样的自由？大多数人都很困惑，结果是我们往往将放纵当成了自由，将混乱当成了民主。

针对孩子的身心情况，我们必须与孩子商讨一定的界限，孩子的很多问题是因为我们没有给孩子树立界限。例如，手机的主要用途是沟通、查阅信息、网络学习，如果想用来娱乐，可以设定特殊的时间段。其他时间，家长和孩子的手机可以放在一个固定的地方，避免随手拿得到，如果有重要的电话消息可以使用手机。

在生活中，如果每个人都为所欲为，那么就会出现很多矛盾冲突。这样的环境，多数人根本无法享受自由。为了让每个人都能够拥有和享受自由，我们需要规则，规则会产生限制和责任。

如果孩子享有自由和权利却不承担责任，把所有的责任和义务都推给家长，这从根本上来说并不是平等和民主。

鲁道夫·德雷克斯认为，清晰和明确的界限，能给人安全感，让人清楚自己在社会结构中的位置和职责，否则，孩子将感到无所适从，即使孩子不断努力，想要"寻找自我"，找到自己的价值，但却没有方向。

回顾一下孩子的成长历程，有些家长的确没有给孩子一个清晰的界限，以至于当孩子出现问题时家长却无所适从。

我们不能再强迫孩子绝对顺从，而应该用激发和鼓励的方式，让孩子主动遵循应有的规则。

建议家长努力尝试改变与孩子沟通交流的方式，尽量做到公平、民主。孩子只是缺乏经验，没有接受过训练，所以需要引导，一个好的引导者应该鼓舞他们的跟随者，激励他们做出符合情况需要的行为。

家长应该为自己的孩子树立一个榜样。当然，要做出改变并助推孩子的改变，需要我们极大的勇气、耐心、爱心和极强的学习力。

六、寻求合力，帮助孩子走出手机的诱惑

随着智能手机的普及，它对人们的影响越来越大，对中学生的影响更是受到家长和老师的关注。手机方便了人们的生活，但也容易使人对手机产生依赖。中学生自制力弱，对手机的依赖更强，手机俨然已经成为家长和老师眼中的"天敌"。不少学生也成为"手机控"，把大量的时间耗费在手机上，的确令不少家长忧虑。不少家长抱怨管不了，说了不听！的确如此，网络控制问题一直是中小学生管理中的难题，虽然没有非常有效的管控方法，但有两个原则需要注意。

1. 宜疏不宜堵

我参加工作时，电脑网络已经普及，不少学生沉迷于网络游戏。我担心学生大休回家后沉溺游戏，于是要求学生回家后不能开电脑，而且还打印周末任务单，任务单中有一项要求——不开电脑。现在想来，这样的做法太幼稚了，结果当然是以失败而告终。虽然家长在任务单上签了字，但是学生照样玩游戏到深夜。

通过反思，我意识到这种做法至少犯了三个错误：

①错在对学生的不信任。要求每个学生不开电脑，这样做的确很过分。

②错在没有认识到学生的发展规律。这个年龄阶段的孩子们上网获取新闻、利用 QQ 沟通，或是玩游戏，是很正常的行为，我却要否定这个现实。

③错在没有意识到禁果效应的危害。

禁果效应也叫作"亚当与夏娃效应"。越是禁止的东西，人们越想要得到，所以越希望掩盖某个信息不让别人知道，却越勾起别人的好奇心和探求欲，反而促使别人试图利用一切渠道来获取被掩盖的信息。这种由于单方面的禁止和掩饰而造成的逆反现象，即心理学上的"禁果效应"。这与人们的好奇心与逆反心理有关。

因此，一味地强制孩子与网络、手机隔绝是个比较愚蠢的举措。网络使用问题宜疏不宜堵。针对当下的实际情况，引导学生正确认识网络的利弊。班主任可以用主题班会、辩论会等方式，引导学生讨论过度使用网络带来的危害，联合家长加强督促检查，与学生确定网络使用的前提，帮助学生养成

健康使用网络的好习惯。

2. 帮助孩子在反思中成长

瑞·达利欧认为："生物、组织和个人总是高度不完美的，但都拥有改善的能力。所以，与其顽固地隐藏我们的缺点，假装自己是完美的，还不如找出并应对我们的缺陷。你可以从自己犯的错误中获得教益，不断坚持，为成功做出更好的准备，否则就将失败。"

其实这个过程就是个人反思、成长的过程。

小群沉溺于手机游戏，我通过与小群及其父母持续的沟通，帮助他走出了手机的诱惑。

（1）第一次谈话

小群大休的作业每次都做得十分潦草，提醒多次，效果不佳。为此，我特意给他的家长打电话进行沟通，但效果不佳。通过与其父亲面对面的交流，了解到小群大休回家后的糟糕状况。

其父亲叙述的情况大概是这样的：

小群在回家之前，便要求父母将手机充满电，回家就开始玩游戏，第一部手机的电用尽后，接着用第二部、第三部，有时甚至边充电边玩，作业潦潦草草，家长无论如何劝说，小群都听不进去。

不少孩子存在这种糟糕的情况，其成因非一日之寒，他们可能从小学就形成了这种不良的习惯。沉溺于手机游戏会对学习产生严重的不良影响：一是放假前和返校后心神不定；二是回家后，作业难以落实。因此，小群的成绩波动很大。针对此种情况，我多次提醒他注意游戏的时间，同时要落实好作业，但效果不佳。

与其家长第一次交流，目的是让孩子意识到老师对他的关注、关心，并未提出不玩游戏的要求。谈话之后，小群大休回家前，我会嘱咐他要控制时间，同时提醒他关注自己的学习情况。

（2）第二次谈话

一段时间后，小群的考试成绩再次下滑。我第二次约谈小群的家长，这次是小群的妈妈。小群的妈妈陈述的情况是这样的：

孩子回家后还是玩游戏，有时玩到很晚，做作业、学习的时间较少。

小群的母亲问道："老师，您有什么办法吗？我说了他也不听。"

我说："我也没有办法，只能希望他慢慢改变。但是，这样下去会很危险，我们得一起督促提醒他！"

第二次交流的目的是继续让小群感受到老师对他的关心，同时让他意识到学习成绩与其沉溺游戏间的关系，同时提醒家长在孩子身上多投入一些精力。但小群回家后仍然控制不住自己，作业经常是一塌糊涂。

（3）第三次谈话

期末考试，小群的成绩再次下降。我约小群的父母同时来办公室一起交流孩子的情况。

我给家长详细介绍了小群平时在课堂、自习、课间的表现，给家长指出小群的学习习惯的改变的必要性，并结合小群的成绩变化，指出小群身上心浮气躁的问题，如果不能迅速改变现在的情况，孩子的发展令人担忧。

小群一旁听着，他逐渐意识到自己问题的严重性。这次交流，目的是让孩子意识到不良习惯带来的危害，同时也让家长意识到自己在教育孩子方面存在的问题和不足。

通过有梯度、循序渐进的谈话，孩子和家长都感受到老师对孩子的关心和帮助，更重要的是，他们都意识到自身存在的问题及其危害。这种沟通交流的方式促使学生和家长做出更积极有效的行动来改变现状。

期中考试后，我问小群："回家还玩游戏吗？"

"不玩了！老师，家长不让玩了。"小群说。

"真的，假的？"我笑着说，"不玩能受得了吗？"

"再玩，成绩就一落千丈了，老师！"小群说。

我联系小群家长了解情况："孩子回家还玩游戏吗？"

"我不让他玩了，再这样下去，学习就完了！"小群妈妈说。

三次谈话，帮助小群一家人达成了比较一致的观点。小群渐渐远离了游戏，更为重要的是，孩子在老师的不断提醒、引导下，逐渐意识到自己存在的问题，努力改掉了不良习惯。

有些家长希望孩子能在一夜之间有翻天覆地的改变，但这样的情况太少了，有些班主任也希望一次谈话、谈心让孩子在一瞬间变得积极勤奋、努力向上，这种可能性也不大。

孩子的成长需要时间，需要关爱，需要班主任付出大量的时间。班主任要激励学生，给家长提供合理化的建议，与家长形成教育合力，孩子的成长之路才会更顺畅。

3.痛苦＋反思＝成长

瑞·达利欧在《原则》中提出"痛苦＋反思＝成长"的原则。学生的成长也是这样，在经历痛苦之后认真反思才能成长。因此，班主任要善于在学生经历痛苦挫折时适时予以引导，帮助学生在反思中成长。

在与家长的密切沟通下，我帮助一部分孩子远离了手机游戏的诱惑。其实这不是最重要的，最重要的是孩子们能够通过我们的教育提升自我认知，提高自控力，这才是真正的成长。

在这种积极的自我认知情况下，玩玩游戏、看看手机又何妨呢？

七、成长在于消除束缚和压抑

小然的反思

我上学期学习状态一直不好，成绩也一直不佳，从没有深究过原因。直到这学期老师发现了我的迷茫，指导我调整心态，我才开始思考。

从升入初中以来，我的学业压力不断增大，父母的期望也越来越高。我却还没有从小学的散漫状态中醒悟过来，一直以来都处于一种迷茫状态，不知道该怎么办，怎么学习，怎么考试，而且对数学始终有一种恐惧心理。这是从小学就养成了的心理，总觉得数学学不懂、学不会，不愿相信自己，更无法摆脱这种心理。

在老师的引导下，我分析原因，主要是没有找准自己的定位。弟弟在体育方面有所成就，背后少不了流血流汗，我却只看到了他光鲜的一面。在他玩时我也想跟着玩，却没有反思自己在学习上付出了多少。在家我也是经常刷视频，控制不住懒惰，学习动力不足。其实我应该这样思考，在玩之前先看看自己付出了多少，还有多少该做的事情没做。既然没有多少付出，为什么会获得那种闲适的生活呢？

就像老师说的，如果付出了较多的努力，适当放松也是理所应当的。可是我没有全身心投入到学习中，也没有吃多少苦，不愿离开自己的舒适圈，却还是想经常过那种轻松的生活，这是的确不太应该。在学习上没有紧迫感，这也是我身上非常致命的缺点。面对眼下中考严峻的形势，我总觉得中考离我还遥远。身体里就像有两个小人儿在打架，自己想紧张起来，却依旧无法克服自己的懒惰，还是没有意识到自己该干什么，禁不住诱惑，没有意识到时间的紧迫。

自身存在的这些问题，老师发现并帮我指了出来，下一步就是要努力改变。如果自己下定决心改变，改掉这些坏习惯是很简单的。正如老师所说，没有痛彻心扉的改变是不会进步的。但是，如果没有打心里想要改变的话，这是很难的。

我一定会将它变简单，找准自己的定位，在学习上养成能吃苦、耐吃苦的精神，尽最大能力将更多的精力投入到学习中，争取取得进步。

小然不仅成绩有了较大进步，而且他变得更加自信阳光，逐步认识了自我。

小然的假期显然过得糊里糊涂，作业提交不全，而且质量很差。从平时的眼神中，我看出小然有些茫然，在学校过着得过且过的生活。果不其然，开学后的测试，小然考得一塌糊涂。我觉得有必要跟孩子及家长沟通，但由于家长比较忙，我就开始了对小然的单独辅导。

经过了解，小然在家里的学习也是比较敷衍的。小然在学校学习的态度和在家庭中的态度比较一致，对学习不感兴趣，学习动力不足。究竟是什么原因导致这种情况？我们的家长和老师在分析孩子问题时经常聚焦于现状，而很少发掘孩子问题背后的原因。

我一直持有一个观点：很多孩子出现的问题，大多数是由其身处的环境导致的，这个环境主要包括家庭教育环境、学校教育环境和周围的社会环境。

小然有个小一岁的弟弟，练摔跤，在体育专长方面非常突出。小然跟弟弟走的不是一条路。父母在学业方面对小然的要求肯定要高于小然的弟弟。我推测，在这个过程中，小然由于心理不平衡，对父母的要求产生抵触心理，于是将这种情绪迁移到学习中。另一个原因，小然在小学成绩还算不错，升入中学后与其他同学一比较，不免产生一定的挫败感。在这两个因素下，小然出现这样不理想的状态。

改变小然对弟弟及其对父母养育方式的认知，是解决问题的主要途径。我采用 ABC 情绪疗法。

ABC 理论（ABC Theory of Emotion）是由美国心理学家埃利斯创建的，就是认为激发事件 A（activating event 的第一个英文字母）只是引发情绪和行为后果 C（consequence 的第一个英文字母）的间接原因，而引起 C 的直接原因则是个体对激发事件 A 的认知和评价而产生的信念 B（belief 的第一个英文字母），即人的消极情绪和行为障碍结果（C），不是由于某一激发事件（A）直接引发的，而是由于经受这一事件的个体对它不正确的认知和评价所产生的错误信念（B）所直接引起。错误信念也称为非理性信念。

（1）了解情况

我帮小然分析学习中出现问题的原因：看到弟弟在家轻松自在，自己却要上课，加上父母对待自己和弟弟的不同要求，于是心理不平衡，产生对学习的厌倦情绪。同时，面对学习中的困难时，自己就不愿努力付出。

小然认可我的观点。

（2）共情

我对小然说："如果我是你，我也感到很难受，自己课余时间还要上课，成绩不理想，家长还给我施加压力。多难受啊！弟弟真轻松，周末回家没有作业。我倒不如自己放松一下，学不好也没什么太大的事。于是就会产生偷懒、不上进的情况。如果是我，我也可能会出现这种情况。"

我站在小然的角度看待问题、分析问题，与小然共情。小然接纳了我的观点。

（3）指出其不正确的认知

我给小然指出他不当的认知："但是每周回家后，你是否看到弟弟身上青一块紫一块的伤痕？他在体校摸爬滚打，付出比别人更多的努力才得到优异的成绩。弟弟回家后的娱乐可以算作一种休息，下一周他又得去面对艰苦的训练。作为一个以学业为主要任务的学生，自己在学校里是否有弟弟那种顽强拼搏、肯于吃苦的精神？如果有的话，我觉得回家也可以适当休闲，但是你好像并没有尽力，也没有看到别人的努力，却只看到了别人的休闲娱乐。"

小然悟性还是很高的，点点头。

"现在是初一，知识内容也不是很多，相信你能改变原先的学习态度，积极努力学习。根据你现在的情况，如果真想去改变，你的进步是一个大概率事件。你回去写写反思，这两天交给我，说说自己的想法。"

过了几天，小然将自己的反思交给我。在反思中，他比较清楚地发现自己存在的认知问题，而且想要逐步改变这种错误的认知。我觉得这次的辅导已经有了初步的成效，这是辅导中最为关键的问题——帮助学生发现自己的问题并努力帮助其改变认知模式。

不到一个月的时间，小然在学习态度上明显有了巨大的转变，家长也给我发来小然在家里刻苦自学的视频，孩子的变化让家长感到吃惊！

是我改变了孩子吗？不是，我只是唤醒了孩子，移除了他成长中的障碍，帮助他释放本来就存在的潜能，这些行为让他自己发现了真实的自己。我也给班里的学生谈及这些问题，小然本来就具有这样的能力，只是外界的因素和自我认知阻碍了他的发展，希望大家也能及时发现真正的自己。

从另外一个角度来看，我们的家庭教育和学校教育，哪些地方存在问题，哪些措施给孩子的发展带来阻碍，作为家长和老师要及时发现。孩子的心灵如同一架极其精密的仪器，只有认真阅读说明书才能给予恰当的保养，否则会发生暴力拆解的行为，造成不可弥补的伤害。这份说明书就是孩子们的成长规律和个体差异。

并不是所有的孩子经过一次辅导就会有巨大进步。正如禅宗中有"顿悟""渐悟"之说。什么叫作顿或渐呢？佛法并没有所谓的顿、渐之分，而是因为人的根机有迟、速之别，所以才有所谓的顿悟、渐悟。

事实上，顿、渐并非两个截然不同的法门，顿悟以渐悟为基础，渐悟到一定程度才能发生顿悟。学生学习的过程不也是这样一个循序渐进，进而到豁然开朗的过程吗？

引申到我们的教育教学中，知识本身并没有快慢之分，但孩子的悟性、能力有高低之别，所以我们要正视这个问题。也许，在我们正确的教育方式下，孩子们正在渐渐发生变化，终有一天会"开悟"。

八、态度、目标、勤奋——初二上学期期中考试后的讲话

尊敬的各位老师，亲爱的同学们：

大家下午好！非常高兴能跟大家交流一下学习和生活。

时间过得真快，转眼间我们初二的上学期已经过了一半！紧张的期中考试已落下了帷幕，优异的成绩见证了同学们的不懈努力，也见证了同学们实现了自己的目标。我为大家能取得令自己满意的成绩而感到高兴，也为自己付出的劳动有所收获而感到欣慰。

通过这次考试，同学们经历了失败与成功的洗礼，得到了磨炼、反省和升华自我的机会，这正是你们最大的收获。

对于一次考试的成功，大家不能盲目乐观，无论是谁，都不可能完美无缺，也许你还有许多弱点和缺点没有暴露，每份试卷都会有不同的结果。这次考好的同学千万不要陶醉在暂时的满足中，否则，失败迟早会到来。考试失利的同学也不要气馁，俗话说失败乃成功之母，我们要把失败当成一剂清醒剂，当成不断成功的动力。

作为当代的中学生，我认为同学们应该有积极的态度、远大的目标，有持之以恒的勤奋。

（1）积极的态度

态度决定一切。当你把学习当作自己成长发展的需要时，才能体验到学习的快乐；当你把学习当作一种负担时，学习就是一种痛苦。谁愿在一片郁闷和痛苦中学习呢？所以说，我们首先要调整好心态，以愉快的心情投入紧张的学习生活中，在学习的过程中体验获取知识的快乐，体验克服困难的快乐，体验取得成功的快乐。

如果太注重成功或失败，结果往往会失败。只要你注重事物本身的特点及规律，专心致志地做好它，你就会收到意想不到的效果。

所以，我们常说："积极的心态最重要。"

（2）远大的目标

一个人没有目标，就像大海中迷失方向的航船，不可能到达成功的彼岸。生活中，每个人都应该有一个属于自己的目标，为自己的梦想努力奋斗。

有的同学说，我定过很多次目标，但很多时候都半途放弃了，因为随着时间的推移，发现自己的目标很难实现。

同学们，我们要树立远大目标，同时也要善于分解目标，这样我们更容易实现自己的目标。

（3）持之以恒的勤奋

勤奋是成长的阶梯，书山有路勤为径，学海无涯苦作舟。大家永远不要相信天上会掉馅儿饼。要学习真本领，没有勤奋的耕耘绝对不行，勤奋更需要持之以恒、坚持不懈。

但勤奋并非只是简单的忙忙碌碌，更需要实际行动与思考。

也许仍然有不少人相信那些天才必有天生的神秘能力，但科学家通过大量的调查研究已经达成共识，那就是所有顶级高手都是练出来的。不但如此，根据最近几年的科学进展，人们可能第一次拥有了一个关于怎样练成天才的统一理论。

好消息是除了某些体育项目对天生的身高和体型有特殊要求之外，神秘的天生素质并不存在，也就是说，人人都有可能成为顶级高手。

在过去二三十年内，心理学家们系统地研究了各行各业内的高手。从新手、一般专家到世界级大师们的训练方法，包括运动员、音乐家、国际象棋棋手、医生、数学家、有超强记忆力者等，试图发现其中的共性。

现在这项工作已经成熟了。科学家们不但证明了高手是练出来的，而且通过考察各个领域最好的训练方法的共性，总结了一套统一的练习方法，这就是所谓的"刻意练习"。

这也是我最近读的一本书，名字叫《刻意练习》。其中有这样几段话，让我受益颇深，我想与同学们共享。

①从不会到会，秘诀是重复。真正的练习不是为了完成量，练习的精髓是要持续地做自己做不好的事。

我认为这句话很好地解释了有的同学在8门学科中有4~5门科目能得满分的原因，就是重复训练。

②获得反馈的最高境界是自己给自己当教练。高手工作的时候会以一个旁观者的角度观察自己，每天都有非常具体的小目标，对自己的错误极其敏感，并不断寻求改进。

这句话告诉我们，优秀的同学大多善于反思。

③学生的历史练习总时间决定了学生的水平。

《刻意练习》这本书中举了这样一个例子：

科学家们曾经调查研究了一个音乐学院里的所有小提琴学生。他们把这里的所有小提琴学生分为好（将来主要是做音乐老师）（A）、更好（B）和最好（C）（将来做演奏家）三个组。这三个组的学生在很多方面都相同，如都是从8岁左右开始练习，甚至现在每周的总的与音乐相关活动（上课、学习、练习）时间也相同，都是51个小时。

研究人员发现，所有学生都了解一个道理真正决定你水平的不是全班一起上的音乐课，而是单独练习时间。

研究表明，是学生的历史练习总时间决定了学生的水平。到18岁时，C组中，学生平均总共练习了7410小时，B组是5301小时，A组是3420小时。其中练习时间最多的小组学生，大多成为演奏家。

我们的研究结果表明，这些青春期前和青春期的孩子，如果能在这些年里保持甚至增强他们的训练强度，最后可能跻身学院小提琴家行列。

我们还估算了在柏林爱乐管弦乐团和柏林广播交响乐团中工作的中年小提琴家的练习时间，结果发现，他们在18岁之前花在练习小提琴上的时间平均为7336小时，几乎与前面描述过的音乐学院中的小提琴学生所花时间一样。

从这项研究中可以看出，有两个因素格外清晰：

首先，要变成杰出的小提琴家，需要进行几千个小时的练习。我们并没有发现什么捷径，也看不出哪个学生是几乎不需要怎么练习，就能达到专家水平的"神童"。

其次，即使是在那些有天赋的音乐家中，也就是能进入德国最好的音乐学院深造的那些学生之中，明显花了更长时间来磨炼技艺的学生，总体而言比那些练习时间较短的学生成就更为突出。

由此可见，要想成为世界级高手，一定要尽早投入训练，这就是为什么天才音乐家都是从很小的时候就开始苦练的了。

说到这里，我想很多同学都明白，我们的学习也是这样，只有足够的、有效的训练才能够确保我们的成绩出类拔萃，处于较高的水平。我们周围的优秀同学已经用实际行动证明了这一点。

期中考试已经结束，一次考试并不是句号，更不是人生的全部。希望这次考得好的同学能从喜悦中走出来，再接再厉，百尺竿头更进一步，在下次考试中再创新高；考得不理想的同学也不要气馁，以受表彰的同学为榜样，勤奋学习，刻苦努力，为接迎下一次考试做好准备。

春种一粒粟，秋收万颗子。让我们携起手来，共同努力。谢谢大家！

九、我这样成长

自 2016 年以来，我深入学习人本主义理论，并在工作中践行人本主义的教育理念，始终认为学生具有自我完善、自我发展的能力。班主任最主要的工作是为学生营造良好的生活学习环境，在公正公平、民主和谐的环境中，学生得到充分发展。毕业后，部分学生将自己三年来的成长经历整理成文字。班主任最好的总结是其学生的总结。学生的文字中渗透着我的管理理念和管理方法，看到这些文字，过往的细节又浮现在眼前，令人感慨。偶尔翻翻学生的这些记录，内心便又坚定了育人信念，相信自己能在教育之路上继续坚定前行，助推更多的孩子走向自觉发展之路。

追忆似水年华

回望初中三年，感悟颇多。记得刚踏进稼轩学校的大门时，我对这个神圣的地方充满了敬畏与憧憬。我知道，一旦来到这个学校，就意味着脱离了父母的羽翼，开始自己独立的生活。初来乍到，我仍旧沉浸在被录取的喜悦与假期的欢乐中，不知道自己将要面对什么，每天无所事事。这种没有压力的生活使我不愿逃出自己的舒适区，可一次又一次的失利却渐渐使我认识到我不是最优秀的学生了。

或许就是这样，只有受到威胁才能激发人的本能。那一刻，我突然意识到需要刻苦学习了，也许就是为了那份失去的荣誉，那种比别人强大的快感。

于是我开始以一种令旁人侧目的方式去学习，我现在都无法想象自己是如何撑下初三这一年的。每天早上起床后，我总是前几名出宿舍，那时的天空常常还蒙着一层黑色的幕布，周围静悄悄的，还没有清醒的我就已经走在去教学楼的路上了，尤其是冬天，寒冷疯狂地撕裂我的内心，可我前行的步伐却越发坚定有力。这些做起来并不难，但要坚持一整年却是困难的。这种坚韧不拔与持之以恒的精神是我取得成功的原因之一。

初中三年并非一帆风顺，虽然我在初二取得了级部前一百的成绩，可就在我势头正盛时，命运的冷水向我无情地泼来。初二下学期的期末考试我又一次跌出了级部前三百，而尚未清醒认识自己的我只是一味地归咎于外界因素。到了初三，学习知识速度加快，这使我无法将学过的知识落实到位。于是，成绩开始以我始料未及的速度下滑。可是，那时我急功近利，没有找到症结所在，只是觉得勤奋程度不足，于是更加勤奋，结果只能是离原来的轨道越来越远，形成恶性循环，最终在八百人的级部里位列七百多。那一刻，我经历了常人难以体会到的磨难与痛苦。我觉得正是因为这样的经历，才铸就了我的今天。李老师认为，美好的品质比成绩更重要，优秀的品质是取得好成绩的基础。

三年里，李老师是我学习与生活的领路人。当我的勤奋始终得不到回报时，我在李老师办公室里痛哭流涕。李老师鼓舞了我，并仔细帮我分析了原因，就是这次，改变了我以后的路。我重新找到了努力的方向，并不断激励自己咬牙坚持下去。从那以后，我不断发现问题，解决问题，逐渐成为更强大的自己。除了关心我的学习，李老师同样关注我的生活，经常督促我履行舍长的职责。李老师还非常信任我，任命我为物理课代表，他是我们在学校里的父母，照顾我们的时间甚至超过照顾自己孩子的时间。三年来，李老师一直鼓励我，在我气馁时帮助我树立自信心，并对我给予厚望，他一直认为我能够发挥更好的水平，总是在我犯错误时宽容我，让我感受到家的温暖。

这就是我的班主任，他平易近人，深藏若虚；这就是我们的优秀班级，志存高远，脚踏实地，如谦谦君子；这就是我的初中生活，丰富充实而意义非凡。

作者：小然

最好的总结是学生的总结。小然同学本身就具有坚韧不拔的意志，缺乏的可能就是我们对他的疏导和指引。记得初一阶段，我就告诉他和小惠能有非常出色的成绩，当着全班同学激励他们俩！小然在学习成长中一波三折，经历了失落甚至绝望，但我始终激励他！最终的结果是，小惠和小然的中考成绩分列班级第一、第二！结果出来时，我既惊讶又认为理所应当，这就是规律，"天道酬勤"是大概率事件。同时也意识到，激励的力量是多么的强大！细读小然的总结，我的确感受到了他的坚实成长！

但最重要的是以他为代表的同学印证了人具有自我发展和完善能力的理论。

我 的 转 身

初中三年转瞬即逝，回首望去，满满都是三年前那个稚嫩的自己踏入那个神圣校门的样子。现在想来，我的初中生活是由三次转身连接而成的。

选择稼轩学校，对于我来说，是第一个转身。那代表着离开了照顾我十二年的父母，开始了和老师同学在一起的初中校园生活。刚开始时，我还是抱着一个骄傲的心态学习的，但因为小学时的良好基础，在初一上学期还能取得一个比较稳定的成绩。但不久之后，我的成绩却一次次地让我难堪。在那时，我的成绩"越发稳定"，已经没有了骄傲的资本，当时我还会因为这强烈的挫败感而黯然神伤，但时间长了我竟渐渐习惯了这种感觉。天性爱玩的我并没有清楚地认识到里面暗藏的危机。在这期间，班主任李老师对我进行了无数次的教育，要我更加勤奋地学习，但我并没有听到心里去。两年多时光就这样被我在上课说话、自习偷懒、假期打游戏、无事看篮球中浑浑噩噩地度过了。

面临着升学的巨大压力，我终于进行了第二次转身。初三上学期中段，我开始勤奋地学习。早晨起来，迎着晨风步伐坚定地去教学楼早读，专心致志地听老师讲课，更加努力地拼搏；自习时，整节课认真高效，默默学习；回家后，我也放下了心心念念的手机，开始取出书包中的书籍，沉浸在学习的海洋之中。底子并不差的我也渐渐追上了同学们的步伐，并在这次转身中完成了自我超越。我的成绩稳步提升，最终在上学期的几次考试中，取得了比较不错的成绩。可就当我以为自己要"重返巅峰"时，成绩却又一次向我开了一个天大的玩笑。在初三上学期的期末考试中，我再一次跌到了谷底。那时，我一度极度怀疑自己"我到底行不行"。假期的前几天，我一直经受着深深的精神折磨，徘徊在放弃的边缘。幸好在班主任的教育和父母的鼓励下，我重整旗鼓。

我开始了我初中生涯的第三次转身，也是最重要的一次转身。那个寒假，我仿佛忘掉了学习之外的一切，全身心投入学习之中。那个寒假，我总结了两年多来自己学习的经验教训。我成绩好的时候不一定是我最勤奋的时候，而是我学习效率最高的时候。因此，在那个寒假，我刻意提高了自己的学习效率。在学习时专注学习，不学习时绝不想学习，不达目标，誓不心甘。我为自己制订了周密的复习计划。我的计划相比学校的课程表有一个很鲜明的特点：时间安排更加宽松。在我看来，在学校里学习，我们要尽可能地增加学习时间。但在家里，我们的状态无法保证长时间高效率的学习。因此，我们要注意劳逸结合。关键时期的"逸"，肯定不是打游戏，那样会对我们学习状态的连贯性产生很大的影响，会降低我们的学习效果，我们应该进行一些低强度的体育锻炼，或是阅读一些名家散文、小说等来保证大脑的活跃度。这样，在经过短暂的休息后，我们的大脑会得到一个良好的调节，在之后的学习中也会更有动力，能够取得更好的学习效果。初三开学后，因为假期中良好的学习生活状态，我很快就进入了紧张的体育锻炼和复习中。整个初三下学期，我的勤奋程度或许仅能排在班级的中游，但考前的几次模拟考试，我的成绩却稳居班级中上游，并一度取得过级部第三的成绩。那时，我周围的同学都认为我的勤奋程度并不能配得上我所取得的成绩。但在我看来，我成功的秘诀，就是效率。

回想初中三年，班主任李老师对我的教育是促使我"转身"的重要原因。"刻意练习""关键在落实""做符合规律的事"，都是李老师常提到的词语。这也体现了我们班主任的班级管理理念：为学生提供舒适良好的学习和生活环境。他并不是进行单方面的管教，而是综合多方面的意见，实行班委制度和值日班长制度，让同学们参与班级管理中。也正是在他的教育和管理下，我才得以发挥自己的能力。在我们班内，没有严厉的惩罚，有的只是老师对学生的谆谆教诲。每个学生都能够自由自在、无忧无虑地全身心投入学习当中。而且班主任不只是注重我们的学习，更注重我们平时的生活。他对宿舍长的职责进行了明确规定，对我们学生的值日进行定期检查。因此，我们班男女生宿舍内务管理也一直位于级部前列。

李老师也注重我们多方面的发展。每个学年都会为我们举行丰富多彩的活动：摘草莓、山青之旅、操场赏月、花园寻春等。在初三下学期最紧张的复习中，李老师仍然能够保证我们的课外阅读时间。或许也就是在这样的一个有魄力的班主任的带领下，我们弘雅1班才能取得如此优异的成绩。

还记得，在初三上学期期末考试后，我的成绩跌到了谷底。刚知道成绩时，我感觉已经到了崩溃的边缘，甚至想过要自甘堕落，放弃自己。然而在那个时候，是李老师从悬崖边上把我拉了回来。在开学返校的那天上午，我和爸爸到了李老师的办公室。现在想来，那天上午的谈话，是我初中阶段的最关键转折点。那次谈话，李老师肯定了我初三上学期后半段的努力和所取得的成绩，并且为我分析了我所存在的问题，鼓励我不要放弃，只要坚持下去，一定会取得应取得的成绩。从那之后，我找到了自己努力的方向，成绩稳步提升，最终取得了应有的结果。

初中三年，我的班主任李老师帮助了我很多。能够遇到这样一个平易近人、饱读诗书、胸有丘壑的班主任，是我的荣幸。初中三年，我们的弘雅1班也取得了优异的成绩。能够在这样一个优异的班级里学习，亦是我的荣幸。初中三年，有低谷，有风雨，有大浪，也有高峰。我只是一名普通的学生，这就是我的生活，它很精彩。

在最后，祝我的老师们能够带领新的班级再创辉煌，也祝我的同学们未来能够更好，在学业上创造属于自己的奇迹。

吴山青，越山青。两岸青山相送迎，谁知离别情？

问君此去几时还，来时莫徘徊。

作者：小深

小深同学的经历再次验证了孩子们具有超强的自我发展和自我完善的能力，关键是我们能否给他们一个适合的环境。我似乎刚刚明白了十几年前读的塞林格在《麦田里的守望者》的一段话：有那么一群小孩子在一大块麦田里做游戏。几千几万个小孩子，附近没有一个人没有一个大人，我是说除了我。我呢，就在那混账的悬崖边。我的职务是在那儿守望，要是有哪个孩子往悬崖边奔来，我就把他捉住。我是说孩子们都在狂奔，也不知道自己是在往哪儿跑。我得从什么地方出来，把他们捉住。我整天就干这样的事。我只想当个麦田里的守望者。

给他们一片"麦田"奔跑，当他们接近"悬崖"时我提出警告。三年来，我都是干的这样看似无聊却又十分有意义的事情！

那些花儿

稼轩三年，在我的生命中是改变的三年。从初一的懵懵懂懂，到毕业时的落落大方，在稼轩，我经历了一次华丽的蜕变。

我不是同学眼中的学霸，不是老师心中的得力助手，没有班级内的日常工作。作为弘雅1班一位普普通通的学生，好好学习便是我的本职工作，可在初一时，我连这个都做不到。我清楚地记得刚开学时班主任的谆谆教诲，也清楚地记得我当时认真听讲的模样，可当下课铃一响，那些方方正正的字便被冲去，留在脑中的只有我的激动与兴奋。

果不其然，上课瞌睡下课欢闹便成了我初一时的模样，成绩低落也是初一时的家常便饭。我也从一开始的惊讶恐惧慢慢变成了适应与无所谓。那时的我就是这么的不知轻重缓急，总认为中考离我还很遥远。

初一冬天经历的两件事，竟成了我日后改变的第一把火。一是我上课不认真听讲，被班主任逮了个正着，班主任在办公室把我好好训斥了一番。二是英语成绩考进倒数，含着泪写完了我人生中的第一份检查。当检查交上去的那一刻，我感到了羞愧，虽然我当时没有明显的改变，但内心深处已种下一颗不甘心的种子。在荒废了一年后，我决定好好学习，即便我的成绩仍没有起色，但班主任多次找我谈话，告诉我，我的态度和行为已发生转变，这让我有了信心。

初三那年喜迁新校，我也由走读生改为了寄宿生。每天按照学校的规定起床睡觉，我的瞌睡从此消失不见了，成绩也逐渐好转。中考前，班主任找我谈话，并给我分析了我三年来的种种变化，给了我极大的鼓励。回顾我的三年生活，才发现自己有了这么大的转变。那时的我，真正地感受到了稼轩的魅力所在。

现在回想，或许在稼轩的每一天，都有改变自己的小动力。一年一届的运动会，我都报篮球，从初一被迫报名到初三在操场上主动练习，我的主动性也在慢慢提高。

初二那年我英语成绩稳居倒数，老师也将我列为重点对象。一开始，我极其不适应这种每天被老师盯着的生活，到后来，我会主动去找老师背单词、背课文，英语成绩也有了缓慢的提升。现在，英语仍是我的头等难题，但我在初中积累的学习方法和语法基础让我现在学起来轻松了许多。

初三换了新装修的教室，教室里养了不少绿萝，而我也变成了呵护这些绿萝的人。每天的眼保健操时间，我都拿着花洒浇水。我的责任感由此慢慢地建立起来。有一片叶黄了，我会将它摘下，以保证其他叶片的生存；有一株花枯了，我会想方设法将它救活。中考结束那一天，我在教室打扫着这些绿萝，看着自己养了一年的植物，满是欣慰与喜悦。

在稼轩的三年里，我没有收获神一般的成绩，没有收获各类奖状，更没有被老师表扬为班级做出了多大贡献。可就是这么平凡的我，平凡地成长，收获了平凡的成绩和友谊。毕业时，有些人会用一摞一摞的证书证明自己的优秀，而我会用这些回忆来证明自己的改变。不是每个人都有高智商，也不是每个人都有出彩的才艺，但是每个人都会有一些改变，只要是好的改变，都会让你受益终生。

在稼轩三年，我有一个华丽的蜕变，而这个蜕变，是老师、同学与我共同努力的结果。你不需要有多么宏伟的计划，也不需要有多么惊天动地的响声，只是默默地，向着自己心里那个目标与想要有的结果去拼，最终的你不会后悔，这就是自己最华丽的蜕变，这就是自己最大的收获。

作者：小暖

毕业那天，看着仔细给绿萝浇水的小暖，我感受到了她的成长。人的成长不就是一个不断反思、成长的过程吗？初三一年来，从她勤奋刻苦的学习行动中，我看到了一个自我认知不断提升的孩子，自信心不断提升的孩子，相信在新的环境中她会有更大的突破！

我在稼轩学校的三年

过去的三年中，我们都渐渐褪去了最初的那份青涩与胆怯，变得坚强，学着独立面对。从离开父母踏入稼轩那一刻起，我们就在成长的路上启航了。再回首，看到的是在成长道路上留下的一个个清晰的印记。

从初一入学开始，我的有些习惯就不好，比如爱转笔。记得每当我在上课转笔转得最开心的时候，您就悄悄出现在我身后，拿走我手中的笔，然后皱着眉头敲一下我的头或摸摸我的耳垂。我就立刻把我歪斜的身子正过来坐好重新投入学习中去。也有许多次，您在课下把我叫到办公室里，打趣地夸我笔转得不错，我顿时羞愧得说不出话来。当然了，以前的我有些叛逆，嘴上答应着心里依旧不以为然。现在想想，上课转笔的确有些刺激，但是也分散了我的注意力，在学习过程中，我慢慢感受到了"专注"的重要性。我们被催促着成长，我们也在抗拒着，但跌倒了，受伤了也就自然明白了，记忆也就深刻了。总之，一路走来，感谢李老师对我的包容，感谢老师在我摔倒后依旧愿意等我主动成长。

说起坏习惯，还有一个我不得不承认的，就是迟到。宿舍起床的哨声响起后仍旧在心里默数着n个最后十秒钟，路上和同学慢慢悠悠地说笑着；当意识到时间紧张了，小跑几步，最后踩点进教室。这是我心态松散时的鲜明表现。懒惰是求学路上最大的敌人。我那样的表现一步步把我的名字从成绩单上一个个往下拉。即使不用出排名，李老师总是能敏锐察觉到，在考完试后接着就把我叫到办公室。熟悉的话语又在耳边响起："小伙子，感觉考得怎么样啊？我看你最近笔又转起来了，是不是后几个来教室的啊？"这个时候不用老师明说，我也暗自羞愧难当。老师从来不需要多说一句话，我就明白了。

有时候我的确太浮躁，但是多亏了老师的及时提醒，让我又静下心来学习，这从我立竿见影的成绩上就可以看出来。

三年来，让我有些遗憾的就是书写没有大的改观。其实我的书写也是我心态的一个投射外化，我至今清楚地记得在我浮躁的时候，大笔一挥，匆匆几笔就把答案写上的样子。而之后李老师那双厚实的大手就会摸摸我的后脑勺儿，微笑着说道："小伙子，最近这草书练得更好了。"或许我早已适应了老师提醒我的方式，于是那一刻我就会立马意识到自己浮躁了，久而久之，我学着通过书写控制自己的心态。我想，这可能就是老师经常给我们说的"自我管理，自我发展"。这不仅仅要我们自己去感悟理解，更要主动成长。

当然了，三年的初中生活是幸福的，作为弘雅1班的一员是幸运的。过去的三年里，我参与了许多大大小小的活动，运动会、摘草莓、山青世界、赏月……那些看似耽误了学习时间的活动，其实潜移默化地促进了我们的学习。我们也渐渐明白，学习不仅仅是一天到头待在教室里比拼时间，我们也可以学得非常轻松快乐，关键在于学习效率。

除了学习方面，让我感到幸运的是老师非常关注我们的品德修养，要学习就要先学会做人。印象深刻的事情就是晚上小自习听李老师讲故事，那一个个小故事无时无刻不在警醒着我们如何学习做人。

我们班级因此营造了良好的学习环境，自然而然地取得了不错的成绩。

最后，感谢老师一路相随、包容、引导。三年的初中生活，我们不仅仅是离开了父母变得独立坚强，也在成长的路上不断完善自我，追求着更好的自己。如今在卿云桥另一边看稼轩，心中仍会充满幸福与感动。我会继续怀着一颗感恩之心在成长的路上砥砺前行。

作者：小宇

稼轩，我无悔的选择

2019年，我踏进历城二中的校门，鼻间却仍依稀萦绕着2016年的青草香。

岁月不居，时光如流。三年似乎藏在一瞬间炸开的绚烂烟花里，一会儿就过去了。现在叫我回首那些鲜亮的日子，却有些不知从何写起，怕一下笔又是平平淡淡，泯灭众人之间。

刚结束高中军训生活，回想起初中，颇有些感慨。初三快毕业那会儿，老师翻出以前军训拍摄的视频，惊觉那时的稚嫩，也惊觉时光的步履匆匆。那时我的意志还不够坚定，站个军姿总想着动一动，或是稍微弯一弯膝盖，全然没有三年后一站10分钟一动不动的样子。初二的尾巴上，1200米的考验，初三迎接体育中考的体能训练，我都撑了下来，得到了很好的锻炼。稼轩对我意志的磨炼真的很有帮助，这是不容忽视的一点。它教给我不怕困难的坚韧，这正像陈年的酒，在岁月里慢慢发酵，时光越老，越散发出醇厚的清香。

除此之外，我还特别感谢稼轩教会我的良好习惯。初中一开始，寄宿制的生活对大部分人来说并不容易，我算是适应能力较强的一个，没有出什么大问题，但是确实有些吃力。渐渐地，我开始蜕变，总会习惯性地抬起手表计算剩下的时间，直到最后每次身边有人问起稼轩的生活苦不苦、严不严，我都会微笑着回答：你只要适应了，把规则变成习惯，就会如鱼得水。进入高中，我正因受益于此，可以早早收拾好东西，坐在床上笑看一室繁忙。

接下来就轮到重要的学习习惯方面。在稼轩，我从一开始的容易分心、注意力涣散变成了现在的专心致志、一丝不苟，是一次令人满意的跨越。

数学是我的弱项，对此我认识得很清晰。以前当我考试失利时，我总是会给自己找借口。初中三年，我学会了深度剖析和反思自己，并发现了使数学成为短板的一些本质，如运算速度以及心理上的问题。我知道了不能总是为自己的失败拼命找台阶下，而是应该仔细翻找那些碎片里形状优美的，重新做成艺术品，也许别有一番意味。我也知道，首先不能在难题面前惧怕，要告诉自己，就算不擅长、不会做，也依然要保持信心，保持对数学的喜爱。如果面对难题，只会惧怕，那就什么都没有了。最后的中考，我的数学考出了不错的成绩，也算圆满。

初三一年，说累也不累，如果适应了紧张的节奏，一晃就过去了。将时间的碎片捡起，每天早到一点，掌握了好的、属于自己的学习方法，对自己下积极的心理暗示，我就一直努力兢兢业业地做好该做的每一件事，把注意力全部集中起来，做会对的题，反复重做不会的题和错题，总不会吃了亏的。那些一天一场考试的日子，中考时在餐厅学习，我们一个个都这样挺过来了。

印象最为深刻的是初三下学期，中考临近时的一个英语早读，我们背作文。作文里面有一句话，There is no party when we separate from each other. 后来老师说，它写错了，应该是 There is no party which we never separate from each other.

这句话的意思是天下无不散之筵席。

我觉得是啊，相遇即是离别之始。但既相遇必有缘，这三年我们风雨兼程，互相搀扶着砥砺前行，站在中考的考场上，所有挺过来的人都是勇士。

无奋斗，不青春。一个国家没有经历过战火的洗礼，必然不会根基稳固；一段青春没有在烈日下流着泪拥抱互道加油，不在考场里走过一遭，这青春也并不完整。不管是从结果还是从更深层次的一些成长来看，稼轩确实是我无悔的选择。

老实说，我希望给我的初中生活做一个与众不同的总结，算是感谢老师和同学们风雨相伴。但直到换上灰色条纹的校服，我才惊觉那个有着毒辣的太阳和长鸣的蝉声的夏天已经过去了，我们只能踩着夏天的尾巴，再走一个三年。

未来于是拽着我们天各一方，我现在也继续为 56 级 21 班呐喊。但在许许多多缤纷灿烂的回忆里，稼轩永远是我的母校，41 级 1 班永远是我的故乡。

作者：小仁

我的初中三年

时光一晃而过，仿佛昨天还在烈日下进行初一入学军训，今日却已踏入高中校园。初中三年，我的收获不少，尤其是在学习方面，感触颇深。

记得初一入学时，我对新生活的好奇远大于对学习的热情。第一次月考取得了还不错的成绩，我便想当然地形成了初中与小学差不多只要课上内容听懂了，作业做完了，就能取得不错成绩的错误观念。那时的我，时间利用率不高，自觉性不强，总处了一种做什么事能省事就省事的状态。然而自那时起，我的成绩一再下降。而我始终没有认识到自己身上的问题，还总是归咎于外界因素。我几乎就这么浑浑噩噩地过了一年。

初二以后，我跟小琦同桌，这才渐渐地对比出我身上的不少缺点。在她的影响下，我逐渐提高了学习的主动性，也学到了不少好的学习方法，但偶尔也会松懈，成绩上下起伏。同时有一个问题一直困扰着我，同样的学习时间，看起来也同样努力，为什么在成绩上还是有着明显的差别？答案是效率。我的学习效率比较低，同样的时间，别人能完成的任务，我只能完成四分之三，甚至更少。原因就是知识掌握得还不够熟练，基础没打牢固。班主任常说"关键在落实""刻意练习"，我大概从初二下学期才开始真正落实基础。

落实的确有效。初三的很长一段时间，我的成绩保持着相对比较稳定的状态，也取得过几次比较好的成绩，可新的问题开始出现，一模、二模两次考试成绩又开始下降。这次我耐着性子好好总结了原因，一方面是因为对即将到来的推荐生考试与中考的过度紧张；另一方面是出于我一直以来粗心大意的毛病做题时不仔细审题，检查时也只是粗略地用眼睛扫一遍。事实证明，过度紧张是一点儿好处也没有的。推荐生考试失利，但我还是在老师的鼓励下慢慢调整好了自己的心态，努力克服粗心的坏习惯，中考成绩还算满意，顺利考入二中。这离不开班主任的鼓励与引导。在我认识不到自己存在的问题、灰心丧气之时，是李老师的耐心与信任帮助我克服了一个个困难，带领我在正确的道路上走得更远。

平日里，我们的班集体也十分和睦。有各班干部的积极合作，有各课代表的认真配合，还有班主任对班级的民主管理，在课余时间开展各种活动，让我们在紧张学习的间隙也有时间稍微放松一下身心。我虽然没有担任班级职务，但也想尽力为班集体多做一点儿事。在每次考试前都会帮忙在班里贴考场号，努力在值日时把班级打扫得干干净净，希望同学们有一个更干净舒适的学习环境。方便同学的同时，自己也会感到心情舒畅许多。

我常会为处在这样一个班级而感到幸运，同学们互相帮助、互相提升，老师们认真教学，尽职尽责。祝弘雅1班的所有同学能够有更好的发展，更要祝我的老师们能带领新的班级创造新的辉煌！

作者：小格

我这样成长

初中三年转瞬即逝，伴随着中考的结束，毕业典礼的完结，我的初中生活也结束了，同时也标志着我高中生活的开始。在这初中三年里，既有欢乐，也有悲伤，而正是这些复杂情感的交织与老师的教诲，促进了我的成长。

在这三年里，我的性格与习惯产生了很大的变化。初一刚入学时，我初次离家，思家之情强烈，所以经常痛哭流涕，不思学习，每日闷闷不乐，但是在同学们的鼓励与班主任的关怀之下，我逐渐坚强起来，开始乐观地面对生活和学习，快乐地与同学交流学习。初中是一个学生从童年进入青年的过渡，在这个时期，我的思想变得成熟，身体变得强壮，脱离了小学时的天真无邪，变得有自己的思想，敢作敢当，做事情会思考后果，变得有思考、有决断，能够适应不同的学习环境。这些变化为今后的高中与大学学习做好了准备。到了初三，我的思想也有所转变。初三下学期是一个至关重要的阶段，在这个学期，我认识到了自己之前的不足，开始将精力全部投入学习中。学习方面有一条人人都懂的捷径，那就是专注，若一开始就不专心，容易走神，那么到了初三就非常危险。一节课落下一个知识点，那么一个学期下来，知识漏洞就会积累得非常多，所以上课一定要专心致志。

在我的成长的过程中，也遇到了不少的问题。在青春期，不同的学生有着不同的烦恼，而我就常因男女生关系而陷入苦恼。初中阶段，男女生有了青春的懵懂，对异性有着渴慕。随着年龄的增长，一些同学通过互相赠送礼物来获得异性同学的关注。我认为这种风气应该在班内严令禁止，这样才能避免班内男女生不正常交往的现象。学习和锻炼在学校应处于主导地位，若学生注意力不在学习上，那将严重影响学习效率，有时甚至会因为一件小事而影响学习情绪。

初中三年，您的教育方式独树一帜，给我们自我发展的空间，鼓励我们培养个性，使我们有自己的兴趣爱好。这种教学方式我十分赞同。

最后，我想谈一谈您对我的教育。您的教育，有时严厉，有时和蔼，都是为了我们的发展，这三年里，您和我有无数次谈话，印象最深刻的就是初三下学期我犯错误的那一次，您曾语重心长地对我说："一定要控制好自己，管理好自己。"这件事让我感到您是一位真正为了学生着想的老师，也许您有时也会生气，但是您仍是一位优秀的教育工作者。

作者：小哲

我的醒悟

我是小宇，已经初中毕业了，我也在稼轩待了三年，有许多事使我发生了巨大的变化。

初一上学期，我在班里的成绩一直不错，可能是因为别人不用心学习的原因，我在期末考试拿了不错的成绩，可这并不是值得多说的事。

　　下学期，由于上课不认真听讲，我的成绩一落千丈。后来被班主任叫了家长，这之后令我没想到的是我虽然不再懒惰，但真正的元凶也渐渐浮出水面——不自信。虽然在短时间内取得了预期的成绩，但我的问题也被成绩所蒙蔽。

　　整个初二我都被表面的成绩蒙蔽了，虽然在初二我也在努力地学习，也不时反思自己是否真的在学习，是否懒惰了。但我没发现不稳定的成绩背后隐藏的是对自己的不自信。后来老师也找我谈了话，李老师十分敏锐地发现了问题的关键。他告诉我应该自信些，但我却没有太在意，只是尝试去改一改，或者说是掩藏。

　　总之，初二这一整年我的变化不大，成绩也还是上下浮动，即使我一直在向往着好成绩，也在努力，可我找不到方向。

　　初三上学期，我隐藏错误的所有弊病都爆发出来了。成绩上不了班级上游，即使我努力着。那时的我还不知道，如果不改变"本质"，一切都无济于事。

　　最终通过初三下学期的一模，我彻底明白了这个道理，开始改变自己的不自信，每次考试前都默默地鼓励自己。在那之后的两个月，我得到了最大的回报，虽然中考前并不应该在意成绩的高低，但事实是，成绩真的突飞猛进了，相较一模进步了四五百名。

　　这一切都令我震惊，但都在意料之内。

　　所以，在中考时我才能充满信心地握住笔杆，自信地答完每一道题。

　　这三年中，令我印象最深的就是最后的三个月，我明白了李老师对我一次又一次的指导背后的苦心。关于班主任老师，从我见到他的第一天起，我就相信他说的话是正确的。李老师管理班级的方法是不强迫，而是多提建议，给予指导，让我们自己醒悟，让学生能释放出自己的潜能。

　　所以，我认为自己是在老师的指导下领悟的人。我醒悟了两次，一次让我克服了骄傲和懒惰。而第二次整整经历了两年，这两年来李老师一直在告诉我要自信，但有时我不放在心上。就最终结果来说，老师的教诲彻彻底底地改变了我，我从内心深处认为李老师是一个值得令我尊敬的人。最后我想说："谢谢您，李老师，感谢您对我的指导。"

作者：小宇

感 谢 鼓 励

在这三年学习生涯里，我经历了许多也成长了很多。回首往事，初一那年怀揣着对初中的憧憬与期盼，踏进了稼轩。本来基础就差的我还天天想着怎么玩。初一上学期，学习十分被动，考试次次倒数，成绩特别稳定。但当时也不想着好好学习，在这期间班主任找我谈了好多次，成绩仍不见起色，他就给我换了位置，让我跟一个成绩好的同学做同桌，也希望我的成绩能有所好转。

我每天下午都要去舞蹈室排练，有的时候还要加班加点去排一个舞蹈，经常上不了晚自习，甚至还要耽误一天的课去演出。第一次向李老师请假是在初一上学期。我之前从来没有主动找过老师，再加上我的成绩不理想，担心他批评而且不让我去排练。但事实却恰恰相反，他十分鼓励我去跳舞，还提醒我安排好时间。直到初三他也一直是一种支持的态度。可能他也知道，我是真的喜欢去跳舞。每次他都提醒一句安排好时间，主动找老师补补落下的课。

初三下学期时，我决定退出社团，一心准备中考。刚开始，李老师劝我去艺考，毕竟我当时成绩仍然不怎么理想，李老师也真心希望我能考上历城二中，但我觉得既然决定了，那我就拼尽全力试一试。在那之后，我开始全身心地投入学习。早晨起床，抓紧收拾去教室学习。中午、晚上都晚走一会儿，在教室多学一会儿。上课专心听课，认真学习。大休回家，将手机放下，到自习室沉下心来学习。

可就算我已经很努力了，但成绩仍然波动很大。虽然比以前已经改进很多了，但是距离我的目标还是很远，总觉得自己的付出没有得到回报。一模那次语文考得很不理想，让我的心理防线完全崩溃了。成绩出来那天我泣不成声，到现在还能记起当时的难过与失望。那天，李老师找我谈，跟我说成绩的波动大是因为我基础没打好，他问我是不是觉得自己努力了没有得到回报，但别放弃，往后考试还多着呢。我便告诉自己要努力，要更加上进。直到中考，我也一直努力着。中考当天，进入考场的时候，就觉得这是我三年以来最充满信心的一次考试。

三年时间不知不觉中已经到了尽头，我会带着老师的包容与教诲走向另一个三年。

作者：小瑞

由懵懂到成熟

人生，没有心想事成，只有水到渠成！

成长，就像一杯茶水，需要慢慢品，细细饮，才能品出其甜蜜，饮出其苦涩……

初中的三年很短，短到我甚至来不及说再见；初中的三年又很长，长到足以改变我的一生。在忙碌的学习和不断的成长中，不知不觉，已经毕业了。

每次回顾初中三年，我的眼中总要含上一丝雾水，那雾水里，充满着对初中三年每一天的回忆，无论是悲伤的抑或是开心的，都将成为我人生中最宝贵的一笔财富。

记得刚上初中时，我还是一个懵懂的少年，刚刚小学毕业，从未离开过父母身边的我很不适应全寄宿的生活，经常一个人默默在角落里，显得与这个班格格不入。后来在班主任老师的关心和悉心开导下，渐渐和同学们打成了一片，从那时开始我交到了许多善良纯真的好朋友。

小学没有养成主动学习习惯的我，无论是上课，还是自习，常常注意力不集中，学习成绩没有太大的进步，只是在班里十来名上下浮动。不出家长和老师所料，升入初二后，我成绩一落千丈，甚至逐渐失去了对学习的信心。这时李老师没有一味地批评我，而是用他看过的书中的例子来开导我。至今还记得李老师讲过的一个例子：有一位十分有名的剑客和一个童子出去散步的时候，忽然感到一股杀气，回头却只看到了童子，他十分疑惑，后来得知童子当时在想，就算剑客再厉害，如果从背后偷袭，也绝对躲不过去吧……而就是童子的这一个小小的想法，被这位高明的剑客察觉到了，这是他对剑术精通到一定高度才能做到的。而身为学生的我又何尝不能像这个剑客一样呢，只要通过努力的学习，就不会有不会做的题。

初三是个关键的转折点，我开始反思自己，努力达到李老师口中把心放空的境界。但把心放空可不是什么都不想地坐在那里，把心放空是心中没有别的事情，专注于一件事情，把这件事做得非常精通从而成功，就像李老师说的那样，如果想让树长高，就必须除掉旁边的杂草。而学习，就是这棵大树，只有一心一意学习，才能成功。

我开始摸到一点儿窍门，从一道简单题或者一个小知识点开始，绝不放过一丝细节。渐渐地，我的成绩也开始有了起色，甚至还得了班级第一名，拿到了心仪已久的奖品《历城二中地名志》。但我不久后又发现一个问题，那就是骄傲使人落后，自满的我果然之后的成绩又掉了下来……在不断调整的过程中，中考悄然而至，虽然中考考得并不十分理想，但对我来说，只是成长路上的一次洗礼，痛定思痛，没有心想事成，有的只是水到渠成！

放不下执着，忘不掉梦想，高中三年，我将不断努力，扬起风帆，再次启航！

作者：小航

忆稼轩有感

初中三年的时光不知不觉间已经结束了，有欢乐，有痛苦，有留恋，也有悔恨……各种情绪夹杂在一起，如用一碗丰盛多滋的菜肴，难以忘记。

记得刚刚来到稼轩的时候，我的心中有些焦虑、不安，更多的是紧张。但没过多久，我就发现了这里很好，同学们都很热情，老师也很亲切、温和、平易近人，完全没有一点儿架子，和同学们打成一片。可那时的我完全不知道该以一个什么样的姿态去应对周围全新的同学、崭新的环境，只是默默地在一旁看着，观察着，小心谨慎地适应这里的一切。

日子渐渐地过去，我发现这里的一切是那么的新奇，令人心驰神往。当然，其间我也犯了一些错误，令人啼笑皆非。

总是令我十分兴奋的是，班主任经常带我们走出校园，参加活动，还时常鼓励我们积极参加校内、校外的各项活动，他还喜欢在平常晚自习给我们讲一些道理，有时拿自己看过的书、亲身经历的事来给我们讲。他不时还会加点儿小幽默，说个笑话，调动起大家的兴趣和精神。这些都令我对他好感倍增，另外他上课时对待教学认真负责，语言生动，条理清晰，举例充分恰当，对待同学们严格要求，能够鼓励同学们踊跃发言，使课堂气氛积极热烈，他对同学们提出的问题总是耐心地解答，实在解决不了的，存在巨大争议，他会耗费大量精力亲自查资料或者与各个老师进行深入讨论，因此我们班的语文成绩总是出奇的好，我们也为他和班级骄傲，但也只有我们知道为此他付出了什么，牺牲了什么。

时间轻易地就把我们带到了八年级，我们班的成绩总是在全年级稳稳地名列前茅，但班主任只说是经常举办活动的结果，更是对此热度不减。渐渐地，我们班的刻苦程度上了一个台阶，每天清晨天蒙蒙亮甚至是冬季寒风刺骨的时候都可以看到我们班同学坚毅的背影。

新的一年又结束了，似乎我又在犯着自己的倔脾气，但我却坚定了我原本的信心。来到新校区，班主任比原来更辛苦了，每天跑更远的路，来得却更早，将大梦中的我们唤醒，我们看在眼里，更加努力。渐渐地我也成了他们中的一分子，成为那最后一个离开教室的人，默默地将从前挥霍的时光弥补。最后一个学期我变得格外的紧张，不只是因为紧张的时间，更是因为我无论如何也提不上来的分数，我因此而焦虑暴躁，只是不表现在外面，班主任好似读懂了我的心思，经常把我叫到办公室谈心，每一次都只是那一句亘古不变的话"你没有问题，相信自己，加把劲儿，别松气"。但我总是不明白这是安慰还是鼓励，只是心中默然的如添了一把火似的，充满了干劲儿。

终于，到了分享战果和胜利的喜悦的时候了，打开网页的那一刻，我的心中满是忐忑，仿佛是面临末日审判一样。可当看到分数的那一个刻，我便被震惊了。成绩远远超乎我的想象。我松了一口气瘫坐在椅子上，终于为三年的努力与痛苦画上了一个较为完美的句号。我在心中默默感谢，我的同学们，我的班主任和其他老师们，这三年或许是我永远不会忘记的一段时光吧。或许班主任说得对，唯有成长才是最大的收获。

作者：小林

下一个阶梯

岁月如梭，初中三年的生活转瞬即逝，经历了初中三年的我也成长了许多。回首过去，一切都如同海边的贝壳，每一个都是极有意义的艺术品，而我的初中生活，也如同一个个阶梯，一步步前进。

刚步入初中时，我有许多小学的坏习惯，自习效率不高，只想学自己喜欢的科目等。这些问题在我第一次月考时全部被暴露出来，班主任也找我谈了话，但年纪尚小的我对此"漠不关心"，只是"浑浑噩噩"地度日。准备期末考试的时候，班主任又找了我，与我进行了极为严肃的谈话，于是我认真准备了一段时间，最终取得了一个较好的成绩，但这并没有使我的坏习惯减少。假期里，除了完成作业我还会打游戏、看电视，浪费了许多时间，使我的整个假期效率都不高，现在看来，当时的行为只能用"愚蠢"二字来形容。

到了初二，我仍然带着许多不好的习惯学习，成绩波动很大，总是进一步退三步，有时能考到班级十多名，成绩差的时候甚至在后十几名徘徊，对老师的关心和批评不在意，错过了许多提升的机会。

升入初三，面临着升学的压力和更多的竞争，我决定开始认真学习，也放下了游戏，但刚开始对自己要求总是不够狠，仍然生活在舒适区。虽然成绩有了改观，但初三上学期期中考试，我仍然在班级的中游，于是我调整计划，进行一些改变，果然在最后一次月考取得了不错的成绩。

可是，实验班的选拔打击了我。由于之前波动的成绩，我未能参加实验班选拔，虽说不是每个人都适合学竞赛，但能参加选拔也算是一份荣誉，很可惜，我没能获得那份荣誉。那几天，每次想到这件事，总是有一种难过的感觉弥漫心头。但这让我重新认识了自己，很快，我就调整好自己，开始备考期末，最终取得了一个让人满意的成绩。

初三下学期，经历了百日誓师后我开始更加努力的备考，严格按照各科老师的要求完成任务，对比较薄弱的英语，付出了巨大努力，按照老师的要求整理知识点、列提纲、记忆、积累、练习英语语法……功夫不负有心人，我的成绩有了很大的提升，但我并未因此而骄傲，因为只有中考成功才算真正的成功。

在最后的那段时间里我也学会了许多东西，最重要的就是敢于审视自己，敢于直接面对自己的缺点、不足，让自己迅速脱离骄傲等各种情绪。因为能够勇敢地认识自己是十分困难的，每个人都希望别人表扬他而不是批评他，只有自我批评才能收获更多。

回首初中三年，李老师给了我很大的帮助，在日常生活中，老师总会用一种平易近人的语气给我们讲述学习的秘诀，告诉我们，在学习上应该保持绝对的专注，没有一丝杂念。在最后时刻，老师也在不断地鼓励我们前进，让我们不要放弃，告诉我们"行百里者半九十"的深刻哲理。李老师完美地诠释了什么是快乐学习。带着老师的教诲，我相信我能更好地适应高中生活。

最后，衷心地祝愿敬爱的任课老师们能够带领新的班级创造更大的辉煌！

作者：小崧

第五章

鸿雁传书：高效管理的催化剂——家校沟通

初三是整个初中阶段最关键的一年，学生不仅要面对中考，还要面对生活中各种各样的问题，尤其是心理情绪的调节。班主任有必要与家长沟通学生在校的情况，同时给家长提供实用的建议。

我想到用文字记录学生的初三生活，向家长传达自己的做法和建议。我将这些文字发到公众号，然后分享到家长群。一方面，家长从我的文字里了解到班级动态，便于他们更好地与孩子沟通；另一方面，我一边工作、一边阅读、一边写作，这个过程令我十分愉悦。初三是我实施班级自主管理的最后阶段，每个学生都充分展示出其内在的发展动力，班级发展也进入快轨道。

在梳理这些文字的过程中，我感动于自己的执着，在初三那样忙碌的日子里，我读了许多书，做了如此多的思考，写出如此多的文字。同时，我也认为这些经验会启发班主任老师对教学管理做进一步思考。

一、与勤奋同行

转眼间，初三的生活已经过了一个月，在这个月我思考了一些问题，并做了一些事情，我觉得有必要记录一下。

1. 快速适应还是逐步适应初三生活呢？

快速适应环境、快速适应初三的节奏，是老师和学生及家长们十分期待的，但是经过暑假，不少学生还是很难快速适应这个节奏，这需要一个过程。所以，我的做法还是帮助学生循序渐进式地适应，我的目标是用一个月的时间来帮助学生逐步进入初三的生活、学习环境。

根据这样的思考，我做了以下工作：

①对宿舍卫生的进一步细化量化管理。督促学生从身边的小事开始，做事情扎扎实实。

②召开班委述职大会。进一步增强班委的责任感和执行力。

③给学生疏导心理，调整心态，强调专注的重要性。

④找学生及家长谈话。应该说初二下学期，我与班内大多数学生的家长面对面在办公室交流过，有的家长不止谈过一次，对学生的成长取得了良好的作用。9月份，我已经找了5个学生的家长交流孩子的情况。

不足之处：

①9月份没有开展与学生的谈话，我一直都为自己找一些借口理由，其实根本原因还是对于计划的执行不到位。

②跑操队伍需要进一步规范。

9月份是一个适应的月份，跑操也是。原先跑操不整齐有客观原因，参加社团的同学占了班级的一半，现在大多数社团人员已经归班，经过一个月的适应，应该能跑整齐。不过，没有我预想的结果出现。原因有二：一是跑操过程中部分学生注意力不集中；二是个别学生意志力不够坚强，稍微一加速，个别学生就掉队，导致队形比较散乱。

2. 严格要求学生争分夺秒还是疏导心理呢?

刚开学一段时间，班里的学生中午起床后来教室比较早，一位班主任跟我说："你班孩子来不少了，我班才来几个人，你班学生真厉害!"

我说："看来，学习已经成为他们的第一需要了。"其实，随着初三学习的紧张，大多数学生会逐渐自我加压，惜时如金。从开学直到现在，我都没有给学生强调过要早到教室学习，也没有提到过争分夺秒珍惜时间的事，但学生能早来晚走，主动利用好时间，说明驱动他们学习的已经不是老师外在的说教，而是源自他们的内心深处自我实现的需求。

所以初三开学以来，班主任的角色定位应该是心理疏导者，而不是监督者。我跟学生们说了我的这些想法，学生们也很赞成。

9月份，我给学生的心理按摩主要有以下几个方面：

①优秀学生优秀的重要原因专注高效。

②学习利用好目标管理和时间管理。

③表扬典型，鼓励学生提高效率。

④进步的因素是勤奋，并且去践行。

⑤帮助学生客观评价自己的能力。

我通过讲故事、讲道理的方式给学生做了一些心理方面的疏导，效果不错。学生更加明确了自己的方向，放下了不少压力，以较为轻松的心态投入到学习中去。

3. 加强对两个班学生的语文辅导

我相信付出必有收获。对1班、2班语文成绩暂不理想的同学进行针对性的检查、辅导，希望这些同学能体会到老师的良苦用心。

①凡背诵，老师必亲自检查。

②凡测试，老师必批阅，注重落实反馈。

③凡懒惰者，老师必督促。

在实施班级自主管理的那一刻，我就将班级管理的目标聚焦在为满足学生"自我发展和实现"而创造良好的班级环境上，将"促进学生能力发展，提升学生成绩"作为班级的终极目标。初三，我仍要坚持关注引领性指标（良好的班级环境）、重视激励性记分表的使用、班委责任制的实行，通过更细致的工作为学生的发展创造良好的环境。

二、有一种安静叫恐惧

班级的纪律管理中容易出现两个极端，一种是班主任在讲台前使劲儿敲黑板却没有学生听，这时班主任得揪出一个调皮的学生来，才能起一点儿效果，才能让班级逐渐安静下来；另一种是这样的，学生说："我们班的学生只要听到班主任的一声咳嗽或是看到他的身影，班内顿时鸦雀无声，因为非常害怕班主任。"

第一种情况是管理出了问题，第二种看上去安安静静，但也可能出现严重的问题。班主任不在的时候班里热热闹闹，班主任来了后，学生极为安静。安静的原因是出自对班主任的恐惧。

比较理想的状态是，班主任在课间走进教室，多数学生继续做自己的事情，聊天儿的聊天儿、学习的学习。当然，把班主任当作完全不存在是不可能的，一个健康的班级的课间不会因为班主任的突然出现而画面骤变。有个别学生虽然正在做不应该做的事情，但他会意识到自己的问题并及时改正。

马斯洛说成长在于消除压抑及束缚，使每个人做他自己。因此，基于恐惧、束缚的安静是不利于学生发展的。洛克说过，你不能在一颗战栗的心灵上写上美观平正的文字，正如同你不能在一张震动的纸上写上美观工整的文字是一样的道理。

培育班级发展应该用爱心和尊重，而非恐惧、压制、批评，需要用符合人的发展规律来塑造人、来引领班级，这样才能打造班级良好的学习环境。

一个利于学生发展的班级拥有良好的学习环境，不会因为外界的些许干扰而随意发生变化，这个环境会在学生、班主任的努力下不断进化、提升。

三、专注是优秀学生的必备素质

专注是优秀学生的必备素质。

事件一。学校选一部分学生参加一个奥赛的兴趣班，成绩是参照初二下学期期末考试成绩推荐。两位平时不显山不露水的学生进入名单，我看了一下他们平时的成绩，相对比较稳定，他们平时学习的特点是非常专注。

事件二。班里两位学生初二下学期三次考试成绩都不错，势头也很好，这两位学生如果在期末正常发挥的话，拿奖学金应该没有问题，但他们却与奖学金擦肩而过，而一位默默无闻的女生进入了拿奖学金的行列。

这两件事情引发了我的思考，究竟是什么原因让一部分学生在大考中崭露头角，又是什么原因让一部分本有希望斩获佳绩的同学铩羽而归？

我发现，成绩优异的学生在考前很长一段时间里能埋头学习，很少被外界所干扰，他们做到了专注、投入、高效。而本应有好成绩却铩羽而归的学生有这样的共同点：大半个学期都非常认真、成绩不错，可当面临期末考试时，他们的心态变化很大，有的思想跑偏，有的沉浸在期末一定能拿到奖学金的幻想中，甚至有个别学生历次大考都与奖学金失之交臂，这次面临期末，他们的内心又开始有了不良暗示：会不会再次错失奖学金。

总而言之，在大考中失利学生的考前心态是复杂的、浮躁的，在大考中成功的学生考前心态是平静的、专注的。

我谈到，小政、小然同学在期末考试前很少有杂念，只是认认真真、踏踏实实地复习，没想到初三开学后会有机会被选中参加兴趣班，这说明脚踏实地学习带来的不只是好的成绩，还有其他意想不到的东西。

但是，在期末考试之前，有些学生总是在考虑这次考试自己能不能拿到奖学金、需要进步多少名次这一类的问题，到最终成绩反而不理想，这是什么原因呢？我给大家讲个故事。

盲人、聋人和五根俱全的人结伴而行。三个人来到铁索桥头。桥下是千丈绝崖，万丈深渊，激流翻滚，惊涛怒吼，十分凶险。三个人一个接一个地抓住铁索，凌空行进。结果盲人、聋人过了桥，五根俱全的人反而跌入深渊而丧命。

耳聪目明的健全人因看到万丈深渊，听到怒吼的激流声，心生恐惧而丧命。普通人如同这位五根俱全的人，当眼、耳、鼻、舌、身、意六根（又称六门）与外界接触时，容易受到名、利等身外之物的干扰，产生种种分别、执着，烦恼由此而生。与此同时，盲人因看不见而不知山高桥险，聋人因听不见脚下激流咆哮怒吼，恐惧相对减少很多，遂顺利过了铁索桥。

同样，如果注意力过于分散到学习本身之外的事情上，学习就容易出现问题，很难实现自己的目标。所以，若见学习真谛，须潜心用功不分心，是为学习之上法。

以小铠为例。小铠平时经常能考到拿奖学金的名次，但是从未拿过奖学金，因为他一到大考就不自觉地想到奖学金的事。小铠应该这样宽慰自己：拿不到奖学金已经是常态，为何要过于执着这件事呢？还是要专注于当下，扎扎实实，认认真真，如果真的拿了奖学金，这是认真学习的自然结果。当小铠这样想或这样做的时候，他就离拿奖学金不远了。开学后，小铠的变化果然不小，他多了些认真扎实，少了些浮躁骄傲。

初三的学生对我讲的这个故事领悟很快，他们继续投入学习中去了。

（补记：2022 年，小铠考入北京大学。）

四、禀自然之正性，体高雅之弘量

10月转眼即逝，因为有国庆节，所以感觉这个月过得特别快。下周就要期中考试，初三上学期即将过半。10月上课时间虽短，但是我和学生们却十分充实，月考、运动会、布置图书角……

1. 弘雅 1 班的来历

学校从董家搬到唐冶，我们班的班号从原先的 5 班变成 1 班，学校硬件有了更大提升。原先，学校厕所在教学楼外，课间上厕所的学生脚步匆匆，不少学生养成在校园、楼道内跑的不良习惯。有的学生去餐厅，也是经常跑着去。这样既不安全也不文雅，这个阶段的学生应该具有青春的活力，更应该有温文尔雅的行为举止，于是我给班级取名"弘雅"，"弘雅"二字取自《三国志·崔林传》：

> 景初元年，司徒、司空并缺，散骑侍郎孟康荐林曰："夫宰相者，天下之所瞻效，诚宜得秉忠履正本德仗义之士，足为海内所师表者。窃见司隶校尉崔林，禀自然之正性，体高雅之弘量。论其所长以比古人，忠直不回则史鱼之俦，清俭守约则季文之匹也。牧守州郡，所在而治，及为外司，万里肃齐，诚台辅之妙器，衮职之良才也。"

我取其文中"弘雅"二字，一为有博大之胸怀，二为有温文尔雅之举止，同时将"禀自然之正性，体高雅之弘量"一句作为学生自我修身之准则，希望他们品质真诚、正直，行为高雅。

《礼记·大学》有云："富润屋，德润身，心广体胖，故君子必诚其意"，用正确的价值取向和高雅的志趣丰盈学生的内心世界，塑造其美好的道德品质，这正是培养人的途径。"弘雅"二字是学生的行为准则，也是学生追求的目标。

2. 让教室飘满书香

看到初二某班书架上满满的书之后，我立刻决定在班里成立图书角，虽然已经是初三阶段，但读书任何时候都不晚。

家委会非常配合，当周就把书架安装好，第二周学生就带来图书，周六就开始借阅图书。通过图书角图书的交流，学生的阅读面有了更大的拓展。没有书香的校园不能叫作校园。除了教材、习题之外，教室还应该有书香。

寄宿制学校学生的知识主要源于课堂、老师、课本，除教材、习题、老师的点拨外，学生还能从哪里获取知识，增长见识呢？当然是阅读。学生从文学经典、名人传记、科技著述中获取知识，进一步了解世界之奇妙、知识之力量，感受语言文字之美，品悟名人之得失。

我借用梁实秋先生的"雅舍"，给图书角起名为"雅舍书屋"。

3. 细节中见成长

我坐在一张床单平整的床上与学生聊天儿，床的主人小迅来了。什么？这张床是小迅的？在我的印象中，他的床单可从未这样平整过。自习时间，小骏在认真练字，这可是我从未见过的。我表扬他说，这就是自我发展。课前一支歌，原先喜欢嘻嘻哈哈的小群站在讲台领誓，一脸的严肃、庄重，令人眼前一亮。

平时爱调皮的、偷懒的、走神的，不论是男生还是女生，从生活学习的细节来看，大都发生明显改变，他们都成长了，大都变得温文尔雅，行为有度，看到他们的成长，我的内心充满了骄傲与自豪！

10月，我约谈了几位家长，是为了学生更好地成长；学生参加了一次考试，了解了自己的学习情况；参加了一次运动会，认识到了自己的潜力；赏了一次月色，领略了一份诗意；读了一本书，丰盈了自己的世界。

11月，我们期待着！

五、一堂月色下的语文课

农历八月十七夜，唐冶（学校驻地），围子山下的学校操场，我与学生共上了一节别有韵味的语文课，课堂内容是赏月。原本与学生约好开学后的八月十六晚去操场赏月，无奈天气阴，改约于农历八月十七。

第二节晚自习下课，约9时，月出东山之上。学生散坐于操场，赏月光之皎洁。学生小章站起，朗诵李白的《月下独酌》：

> 花间一壶酒，独酌无相亲。
>
> 举杯邀明月，对影成三人。
>
> 月既不解饮，影徒随我身。
>
> 暂伴月将影，行乐须及春。
>
> 我歌月徘徊，我舞影零乱。
>
> 醒时相交欢，醉后各分散。
>
> 永结无情游，相期邈云汉。

我对学生说："是啊，千年之前，李白邀的那轮明月不正在我们的头顶上，你看到了吗？它是否也在举杯邀请我们呢？"

学生小然站起，朗诵苏词《水调歌头·明月几时有》：

> 明月几时有？把酒问青天。不知天上宫阙，今夕是何年。我欲乘风归去，又恐琼楼玉宇，高处不胜寒。起舞弄清影，何似在人间。
>
> 转朱阁，低绮户，照无眠。不应有恨，何事长向别时圆？人有悲欢离合，月有阴晴圆缺，此事古难全。但愿人长久，千里共婵娟。

"'千里共婵娟'是一种空间的美，我们现在是与苏轼'千里共婵娟'，这是一种时间的美，这种超越时空的美在唐诗宋词中，俯拾皆是，今夜我们与之神会。"我说。

学生们静静地仰望夜空，欣赏着那轮明月，他们的内心在想什么？是牙牙学语时，爸爸妈妈一句一句反复教诵的"床前明月光，疑是地上霜"，还是小学时学的"儿时不识月，呼作白玉盘"？

这月光穿越千年，洒在围子山下的唐冶，这里曾是唐代冶炼兵器的地方，遥想历史，似乎还回荡着叮当作响冶炼兵器的敲打声，这不也是一种诗意吗？

这幅场景非常有趣：一个个充满活力的生命，三两首雅致的唐诗宋词，五十几个思绪飞扬的学生，历史与当下、想象与现实、诗歌与生命，在夜幕与月光的调和下，融为一个诗意的存在，定格在学生的心中。

我们的多数语文课堂不也发生了"异化"吗，我们的学生是否也应该栖居在充满诗意的语文课堂上？作为一名语文老师，与学生共度三年美好时光，多年后，我们的课堂中的哪些情景能让学生津津乐道、记忆犹新呢？

语文课堂应该充满诗意，而不是整天翻来覆去地识记字音、字形、成语、病句，也不是将一篇篇散文、小说肢解，更不是让学生牢牢记住所谓的答题方法。

这堂月色下的语文课堂在学生齐诵苏词《水调歌头·明月几时有》中结束。我想，这堂课会成为学生在语文学习中的美好回忆。无论是他们在年轻奋斗时，还是中年奔波时，或是老年赋闲时，每当他们抬头望见那轮明月，就会微微一笑，想起月色下的那堂语文课。

六、初三，家长如何与孩子沟通？

转眼间就到了 12 月。回顾 11 月，我们参加了一次期中考试，发现了自己的潜力，按照学校的要求选出 5 名共青团员，彰显了公平公正，定期召开了班委会，班干部为班级建设贡献了巨大的力量。

今天，我谈谈在初三这个特殊的时期，家长该如何与孩子沟通。我们首先思考一个问题：家长和老师是如何将孩子置于危险之境却不自知的。之前，在我的认知中一直有个误区：凡是家长的要求，学生必须要服从。随着自己孩子的长大，我也不断地深入接触部分学生及其原生家庭的教育方式，我发现这样的想法是严重错误的。

原先认为，只要孩子出现问题，我应该立刻找到家长并提醒家长纠正孩子的问题，希望家长帮助孩子改变。但实际情况，与我的想法恰好相反，不少家长寄希望于学校，认为班主任、老师负责孩子的成长。班主任认为孩子"听"家长的，家长认为孩子"听"班主任的，当这两种观点交汇在一起的时候，孩子就处在了真正的危险境地。

真正的沟通，应该从家长的改变开始。

小伟的家长在大休时来接孩子，给我发短信说："老师，想跟您再聊聊孩子的情况。"他们来到办公室，对我说："老师，上次谈话之后，孩子变化挺大，我们也听取您的建议，对待孩子的态度有了较大改变。"

上次谈话的背景是这样的。

新学期开学后，小伟的父亲给我打过电话，问孩子在学校情况怎么样。我感觉孩子在学校看起来没有明显的问题。但我感觉家长可能发现了孩子不太对劲儿的地方，于是我给家长说："您来学校一趟，我们沟通一下孩子的情况。"

当时家长的叙述是这样的：小伟在家脾气暴躁，动不动就与家长发生冲突，一谈与学习有关的事情，小伟就很不耐烦，家长很是头疼。

据我观察，小伟在学校还是比较认真积极的。那小伟在家里跟家长发生冲突的原因是什么呢？经过谈话交流，其原因主要有以下几点：

首先，初三学习压力的加大。进入初三，孩子首先要面对的是学业的压力。小伟曾经考好过一次，但因为学习习惯和心态的问题，他对自己的成绩不是很满意。其次，青春期来临，小伟独立意识增强。每一个处于青春期的孩子都会有这样的想法：我是一个独立的人，我长大了。在此背景下，如果家长还像以前那样把孩子当成一个"乖孩子"来教育就极容易产生矛盾和冲突。

小伟的妈妈说："孩子小学时非常听话。"这句话透露出孩子可能生活在一个家长十分强势而非民主式管理的家庭中。虽然有些家长认为自己比较开明民主，其实在与孩子交流时会以命令式的口气对待孩子，或虽然没有命令式，但给孩子的感受是自己没有选择权。

进入青春期，孩子势必会对父母的说教进行反击。如果孩子的气质类型又属于比较活跃的一类，与家长的冲突就会十分强烈。小伟同学就有这种气质类型的倾向，这也是与家长产生冲突的原因之一。但家长很难改变教育孩子方式，于是与孩子的冲突愈演愈烈。家长与孩子激烈冲突过后即是"冷战"，当时小伟与家长就处于"冷战"之中。

另一个非常重要的原因：家长始终关注孩子的学习，忽略了孩子的成长。根据小伟叙述，除了回家完成学校布置的作业之外，还报了两个辅导班。初三返校测试是下午 3 点开始，但是小伟 2 点时才上完课，匆匆忙忙赶回学校，整个人处于极度忙碌之中。

我对家长说："孩子快要成为一个学习机器了，建议孩子放弃所有的辅导班，让他自己在家学习，或让孩子自己选择上哪些辅导班，如果我是小伟的话，我也会烦的。"

小伟听我说完这些话，感觉到我与他站在了一起。我的谈话达到了"共情"的效果。孩子感觉到还有一个人是真正理解他的、真正关心他的、能站在他的角度考虑问题的。

我又单独与小伟的父母谈话，告诉他们要注意与孩子交流的方式。初三阶段，家长一定要注意两点：一是不要唠叨学习，二是少关心学习多关心生活。当然，这番谈话是建立在小伟自身比较积极进取的情况之下的，此时他需要的是关心，而不是更多的压力。

初三阶段，我要给各位家长提几点建议。

（1）在与孩子沟通中少一些质问式、命令式沟通，多用陈述句式

例如，"你把自己的事情做完了吗？还没有？那现在赶快去做！"

我们把这句话换为"看起来你还没有做完自己的事情，我想知道你计划怎么完成它们？"这种变化其实就是从对抗到合作，这种转变一开始你可能不适应，但是这是彻底的改变。

（2）与孩子发生冲突时，要运用同情心，也就是心理学上所说的共情

同情心是人类的最高智慧。同情心需要我们通过表面现象，看到导致行为发生的深层的感受、想法和需求。每个破坏行为后面通常都有一个受到伤害的人。认真倾听的技巧此时最能发挥作用。共情可以营造安全的氛围，只有在这种情境下，人们才会吐露心声。

（3）切勿再向孩子发号施令

"把东西放下""住手"或者"别吵吵"……这是专制型父母最习惯的沟通方式。专制型父母很难明白自尊的重要性。在他们的心目中，对付孩子不顺从的不二法宝就是惩罚，并认为这是出于爱，这种错位的、偏激的"爱"，完全忽视了对孩子长远的负面影响。

（4）初三的孩子需要鼓励

"老师，小乐说您鼓励他两次，他非常高兴。我观察他学习状态不错，回家后学习也很积极，手机也不碰了，非常感谢！"

听到这番话，作为班主任的我当然很高兴。我回忆起那天小乐到我办公室找我聊天儿的情形。

小乐跟我聊了聊近期的学习情况，我一直鼓励他脚踏实地，他突然问我："老师，您对我的评价是什么？我想知道。"

"很好啊！"我一愣，一边思考该如何进一步回答这个问题。

"老师，我想知道您对我真实的看法。"

说实话，对一个学生，我还真没有对他们进行过整体的评判总结，不过我能感觉出小乐希望被认可的想法。

"实事求是地说，你有优点也有缺点，刚入学时还不错，但初一下学期到初二上学期期间有些放松，我跟你家长谈过，也跟你谈过不少次，目的是帮助你成长。不过，人在成长阶段遇到挫折也是正常的。"我说。

小乐不好意思地笑了笑。

"现在看来，你慢慢有所醒悟，初三以来表现不错，我认为你还是有很大潜力的，能更上一层楼！"我说。

此时，让我惊讶的是小乐眼圈发红，泪水几乎快流出来了。

我也不知道哪里打动他了，便拍拍他的肩膀说："继续努力吧！你最近表现很棒！"

"谢谢老师！"小乐带着满脸的高兴回到班里。

希望以上建议对家长有所启发，把孩子视为一个独立成长的个体，而不是简单地把孩子视为自己的附属物，既要关心他们的成长，又要尊重他们的独立，这是我们与孩子沟通的前提。

七、拒绝语言暴力，呵护孩子心灵

体罚是一种暴力，语言有时也是一种暴力。语言暴力是使用谩骂、诋毁、蔑视、嘲笑等侮辱歧视性的语言，致使他人的精神上和心理上遭到侵犯和损害，属精神伤害的范畴。很多时候，后者造成的后果更为严重。

前者伤害的是学生的身体，后者伤害的是学生的心灵。为何有些家长和老师会使用暴力？主要是教育方法的缺失。究其原因，一是没有树立以人为本的教育理念；二是个人的涵养不够，不能控制自己的情绪；三是缺乏耐心、爱心；四是个人的气质类型容易冲动。

要改变语言暴力这种行为，老师和家长一定要先反思教育孩子的方式。

1. 语言暴力的常见形式

老师常用的语言暴力："你不学可以，但不要影响其他人""就你事多，快点儿，我很忙""没见过像你这样的学生""我真的受不了你了""我就知道，你改不了""你怎么越来越差了""不想听的可以睡觉""你要不想学就回去"。

家长常用的语言暴力："你怎么这么笨""真后悔生了你""你就这样，长大了也没出息""再哭我就打死你""你太笨了，某孩子比你强很多""你笨得要死""怎么养了你这么一个东西"。

老师、家长和学生都是独立自主的人，都有相应的人格，但老师、家长利用自己的身份、权威通过不当的语言来讽刺、挖苦或贬低学生的人格，就损害了学生的人格，伤害其自尊心。

更严重的是，我们不仅没有认识到这是一种暴力，而且把孩子的自尊及人格打击一番后还语重心长地对受伤的孩子说："你看，老师、家长这样做，不都是为了你好吗？"

殊不知，孩子的心灵早已伤痕累累。

2. 语言暴力的危害

语言暴力虽然从表面上不具备暴力的特征，但是它对孩子的人格、心理发展所造成的负面影响是长期的，不可估量的。据观察，在家庭中经常受到语言暴力的学生往往出现两种情况，一种是形成"退缩型人格"，即在高压下往往回避问题，回避现实，与人交流出现问题，具有内向、封闭、自卑、多疑等人格特征；另一种是形成"攻击型人格"，即孩子在受到语言暴力之后，性格变得暴躁、易怒，内心充满逆反，行为容易冲动、过激。

经常受到语言暴力的孩子最常表现出的心理就是冷漠，对班级事务漠不关心，对社交不感兴趣，对活动参与不积极，缺乏沟通合作意识。

一项研究指出：不常或不曾挨打、挨骂的小孩平均得分为 102 分，从小挨打、挨骂的小孩在智商测验中平均得分为 98 分。可见，家长态度上的温和可亲、语言上的循循善诱有助于提高儿童的认知能力和思维发展，而态度冷酷专横、言语粗暴恶俗会阻碍儿童的智力发育。

因此，语言暴力的危害极大。该如何避免语言暴力呢？

首先，老师和家长要改变教育理念，意识到孩子是正在发展完善的个体，孩子存在问题是正常现象，不同阶段有不同的问题，犯错也是一种正常的现象。要充分地信任孩子，相信他们自我完善和自我发展的能力。

其次，想办法为孩子创设一个适合其成长的环境，这个环境需要给予他安全感和引领性指导。父母应当聪明地发现积极因素，并看看孩子正如自己评价的一样，成为一个充满自信、拥有高度自尊的人。

再次，正确地看待孩子的错误。孩子只有不断尝试不同的事情，才有可能获得成长，错误是通往成功的必由之路。

从次，将自己的关心恰当地呈现，而非将爱心变为语言的暴力。

最后，提升自己的境界涵养，善于把控自己的情绪。

语言暴力是一种惩罚和伤害，而惩罚是基于恐惧的，并带来更多的恐惧，同时也会导致孩子心灵的冷漠、麻木。为了孩子能更好地成长，老师和家长应当共同改变，让语言暴力从校园和家庭中消失，让温暖和尊重围绕在孩子的身边。

八、关心与信任是教育的前提

1 月是 2019 年的第一个月，也是 2018—2019 学年上学期的最后一个月，对初三学生来讲，这个月是个承前启后的月份，意义重大。

1.坚持做符合规律的事

学生的发展最终要归结为自我的发展。随着年龄的增长，心理的发展逐步完善，学生的认知能力逐步提升，尤其是学生对自我的认知，在初三上学期有了长足进步。

上学期，全体学生总体表现优秀，个别学生进步后来居上，但也有个别学生一波三折，有的触底反弹，有的因为精神的松散、懈怠而落后。我经常以学习刻苦、认真、勤奋的学生为例，指出勤奋、坚持不懈的学习态度的重要性，同时也以变化较大的学生为例，激励全体学生。不少学生在全体老师的引导下逐步摸索出既适合自己发展又能融于集体的学习方式。

个别退步较大的学生，我也与其或其家长进行了良好的沟通，这部分学生有所醒悟，希望他们在新学期能振奋精神，重拾信心，取得进步。

教育家帕尔默说："智力工作伴随情感同时存在，所以，如果希望开启学生的思想，我必须同时开启他们的情感。"在教学管理中，我们既要关注学生成绩的波动，更要关注他们的情感变化，不能忽视与学生的情感沟通。与学生的情感沟通主要体现在以下方面：关心学生学习和生活的细节，关注其情感变动的细节，激励、提醒、帮助、耐心地指导……

初三上学期，在这方面我做得还不够，希望在下学期通过更多的方式来实现对孩子们情感的唤醒。

关心孩子、相信孩子具有自我完善、自我发展的能力，这是符合规律的做法，需要坚持去做。当然，在这个过程中，学生会出现各种各样的问题，需要班主任不断提升解决问题的能力。

2.多样化的选择给学生提供各种可能

实验班的选拔，弘雅1班有部分学生被选入。入选者在接下来的学习中，他们会发现知识的深度和广度，进入另一种学习境界，尽管其中充满了困难与艰辛。未入选者，发现了自己与他人的差距，个别未参与选拔者也意识到持之以恒的重要性，明白了机会往往被善于坚持的人抓住的道理。

一次次的选拔或考试，不同的学生有不同的领悟。暂时的失利可能让个别学生感到后悔、自责，但我总想方设法给他们以激励并注入强大的动力。

钱钟书先生说："人性中皆有悟，必功夫不断，悟头始出。如石中有火，必敲击不已，火光始现。"人生本身就是一个不断领悟的过程，见得多，做得多，体会必然会多，经验累积到一定程度，"火光"必现。

班主任也要善于在细微之中发现教育的契机，抓住学生微妙的心理，及时进行引导。

3. 信任孩子是教育的前提

在初三上学期较为紧张的学习中，学生暴露出一些问题。这就如一辆存在问题的汽车，慢速跑的时候，很难发现问题，当加速时，问题就会暴露。初三上学期，学生必然会暴露一些问题。首先我们要正视这些问题，而非一味地责备学生，要带着发现、研究、帮助的心态帮助学生解决问题。

上学期存在的主要问题有：

①个别学生没有意识到初三学习的重要性，较为松散，目标分散、不够专注。

②个别学生沉浸在之前较好（或进步较大）的良好感觉（错觉）中，没有意识到初三学业的艰巨性，学习动力不足。

③个别学生在课堂或自习专注程度不够，纪律意识淡薄，自习纪律较为松散。

④部分学生基础知识落实不够扎实，在听写或小测中出现问题较多。

我冷静分析了以上问题，对学习松散、学习动机不强的学生，及时提醒，经过与学生及其家长的谈话交流，学生变化较大，更重要的是，他们开始进行自我反思。但也有个别学生不思改变，期末成绩瞬间让他们清醒，这也是他们必经的途径。

我们不要妄图通过一次谈话或是一个事件让学生改变，他们的改变都是一次次经验的累积和感悟的提升的结果。期末成绩也仅是学生改变过程中的一次经验累积而已。

信任是教育的前提。

例如，自习时有学生小声讨论问题。在教学进度快、容量大、作业多的背景下，讨论问题是一种必然，也是学生提高学习效率的需求。但是在学生讨论过程中，难免有个别学生浑水摸鱼，借机闲聊。面对这种情况，是不允许讨论，还是允许学生在自习期间讨论呢？

学生的交流讨论是一种更高级的学习方式，学习需要通过和他人的交流才能实现。有时我们为了纪律的统一，禁止学生在自习讨论，这显然不利于学生的学习。如何既能保证自习的纪律，又能避免扼杀学生对于合作学习的需要，保证学生这种自发的学习动机呢？

我认为，最重要的是给予学生更多的提醒和自主合作的时间。引导学生合理利用公共自习的时间交流讨论、合作，但要同时提醒学生注意学校的纪律要求，讨论问题不能影响他人，更不能以讨论的名义闲聊。对个别在自习闲聊、自觉性不强的学生，及时提醒督促，使之意识到自己的问题并帮助他们及时改正问题。

这种做法是建立在充分相信学生能逐渐改变、发展的信念上的，如果没有对学生的信任，我们往往会对学生的一些看似"不当"的行为予以呵斥、批评，学生学习发展的积极性往往就在不信任中被消磨掉。

当学生在学习中显得麻木、缺乏积极性的时候，我们却还十分不满地责备学生学习态度不好，殊不知，这些问题正是由于对学生不信任而引发的。

九、你是否有一颗归零的心？

新学期开始，不论对学生还是老师、家长，归零的心态非常重要。学生能否忘掉过去的优异成绩或惨痛失败，老师是否能忘掉过去的荣誉和挫折，家长是否能忘记孩子昨日的成功与失败？

是否具有归零的心态是一个学生、老师、家长能否生活快乐的重要所在。假如我们沉浸在过往的悲欢，单凭过往的经验来生活或判断自己或面对自己的同学、学生、孩子，这或许是心灵痛苦的根源所在。

一个佛学造诣很深的人，听说某个寺庙里有位德高望重的老禅师，便去拜访。老禅师的徒弟接待他时，他态度傲慢，心想：我是佛学造诣很深的人，你算老几？后来老禅师十分恭敬地接待了他，并为他沏茶。可在倒水时，明明杯子已经满了，老禅师还不停地倒。他不解地问："大师，为什么杯子已经满了，还要往里倒？"大师说："是啊，既然已满了，干吗还倒呢？"

老禅师的意思是，既然你已经很有学问了，干吗还要到我这里求教？

　　这则故事告诉我们，做事的前提是先要有好心态，如果想学到更多学问，先要把自己想象成"一个空着的杯子"，而不是骄傲自满。

　　这种心态叫作"空杯心态"，也叫归零心态。这种心态并不是一味地否定过去，而是要怀着放空过去的一种态度，去融入新的环境，对待新的工作、新的事物。

　　在教学管理中，也需要归零心态。

　　初三上学期新校区启用，学生宿舍干净整洁，我班的宿舍卫生在初一、初二不错，我想当然地认为学生能保持良好的习惯，珍惜美好的生活环境，把宿舍卫生搞好。

　　但我去宿舍检查卫生情况时，现实情况跟我预想的情况差距很大。理应擦干净的窗台、暖气片凹槽都积满了灰尘。

　　其原因就是没有"归零心态"。"卫生还不错"的经验阻碍了我的到宿舍检查落实的行动。

　　在班级的学习测评中，老师、学生、家长都要有归零心态。

　　成绩优异，就坚持好的做法。老师要进一步优化教学方法、工作方法，学生总结好的经验，家长也要调整心态看待孩子的成绩，不能因为孩子的一次进步就沾沾自喜。

　　不管是学生还是老师，取得一定的成绩后，自身的压力反而比从前要大。看看哪个学生、班级超过了自己，哪些将要赶超自己，无形之中自我施压。其实，这些压力都源于没有"归零心态"，而是将自己的标准建立在之前较为乐观的基础之上。在以成绩为评判标准的环境下，如果不能学会及时归零，工作的压力必将不断增加，烦恼亦会随之而来。

　　学生也应该有一种归零的心态，这样才会减少自己的压力，避免过分的忧虑给自己带来困扰。

　　著名作家刘震云曾说过："归零心态就是把自己心灵里的一切清空，把已经拥有的一切剥除，一切归于零的心态。"

　　越是能够把自己"归零"的人，反倒越不会"归零"。不断"归零"就是一种上升与提高，也是一种难得的积淀与涵养。适时"归零"，当然不是妄自菲薄或消极避世，而是持有人生的洒脱与从容，在面对激烈的竞争时，多一分明世的清醒，多一分心态的淡泊。

其实，人生也像时钟一样，到了子夜就要从零开始，只有归零，才会有新的周期与辉煌。

每天都是新的开始，脚踏实地从细微处做起，拥有从零做起的心态，我们才会平和健康。

十、中考临近，孩子最需要疏导

初三下学期开学后，我发现班里有几个男生比较浮躁，课堂上小动作多、话多，课下上蹿下跳，学习落实不够。我单独找他们谈话，指出他们的问题，帮助他们意识到自己的问题。小王同学，天天像睡不醒一样，哈欠连天，我询问他的情况，他说："我感觉学习的劲头不是很足，自己有些浮躁。"

随着中考临近，不少学生变得敏感，成绩稍有波动就开始怀疑自己，也有部分学生认为中考好像还远，自己学得也还不错。所以，3月容易成为学生浮躁的月份。开学初，某老师也提到，问卷调查显示：初三学生在3月是比较浮躁的。

面对这样特殊的时间段，班主任和家长应该做好疏导工作才能更好地帮助孩子。

第一次测试，那几个比较浮躁的学生果然成绩很不理想，我再次找到他们，提醒他们沉下心来。

可能他们还没有真正意识到浮躁的严重性，依然我行我素。第二次测试后，他们几个慌了神，一个个主动找我吐露"心声"。

"老师，您觉得我还有希望吗？我这科挺差呢，落后面了！"一个男生跟我说。

"如果改变前段时间的浮躁心理，我觉得你还是很有希望的！"我安慰他说。

不少学生在初三下学期对自己成绩的波动相当敏感。对于这样的学生，要及时关注，对其进行有效的沟通疏导。

1. 要引导学生看到事物的有利面

小源的周测数学成绩波动较大，数学老师要与其家长电话沟通，了解情况。但这件事引发了小源的心理波动，其母亲告诉我："这件事让小源有些紧张！"

小源紧张是必然的，这与他以往的认知有关。他从小学到初中一直比较优秀，他认为，只有那些调皮的学生才会被告知与家长通电话，因此他的心理压力比较大。

我找到他谈话。

"数学成绩不是很好，你认为原因是什么呢？"我问。

"感觉简单的题出错，自己的知识还是不够扎实！"他说。

"数学老师要你给家长打电话这件事让你有些难受？"我问。

"有点儿。"他有些不好意思。

"在你以前的印象里，好像只有那些调皮、成绩不理想的学生才被叫家长或是与家长通电话吧！"我微笑着说。

"是的。"他说。

"是啊！很多人这样认为，尤其是像你这么优秀的学生，感觉让家长打电话似乎是很丢人的事！"我说。

"嗯"。

"不过，在我们学校可不是这样的，数学老师这样做是对你的关心，在老师的印象中你以往的成绩是比较稳定的，但这次波动比较大，数学老师因此向家长了解一下你的情况，正是对你的关心啊！"我心平气和地说。

"这不是对你的惩罚，而是对你的关心，没有必要有太大的压力！"我安慰说。

小源欣然接纳了我的观点，情绪安稳下来。很多时候，学生需要老师引导他们换个角度看问题，他们的心理压力和精神状态就会有所调整。

2. 要努力发现学生出现问题的根源

小言这段时间状态不佳，精神状态不是很好，我找他聊过几次，不过也没有发现深层的原因。

这次大课间快结束时，我在操场上又找到他问了一下。

"我感觉你最近好像有些问题，心里有事？"我问。

"老师……我还是跟您说吧！"他支支吾吾地说。

"我认为我考咱们高中把握不是很足，咱学校高中招足球特长生，我想试试！这样就有可能多一条路啦！"他说。

"你的想法挺好！"我说。

"不过，现在我的体育测试还不能得满分，也没有时间训练足球！挺犹豫的。"他说。

"是啊！你家长知道这件事吗？"我问。

"知道，我给他们说过，他们支持。"他说。

"内心的犹豫是你现在最大的问题，导致你现在状态不佳，不管考不考特长生，那还得先过中考体育关，你现在最应该做的是先把中考体育项目练好，搞好文化课，再去想特长生的事！"

"有同学说，特长生挺好考！所以我心里更犹豫了，这么好的机会再把握不住就错失良机了，所以不太安心！"他说。

"你别听传言，全市的考生想走这条路的特别多，竞争很激烈！所以，先考好文化课，等中考完了，如果家长同意，你可以参与一下相关项目的训练！"我给他吃了一颗定心丸。

小言仿佛放下了一块石头，轻松了许多，精神状态也有所好转。我们的对话不多，但是恰到好处地解决了他内心的矛盾，对处于敏感阶段的学生来讲，这无疑是给他做了一次很好的心理按摩。

3. 与家长要统一思想，步调一致

开学初，我制订了家长谈话计划，利用周日家长来探望孩子及大休接送孩子的时间与家长交流孩子的情况。目的主要有两个：

一是让孩子感觉到我对他的关注。我约谈家长，一般是先跟孩子沟通，说明情况，再联系家长。在与家长沟通时，我很少谈及孩子的错误，而是不断地提出如何帮助孩子成长的建议，努力与家长形成教育合力。

二是与家长统一思想，帮助孩子成长。在沟通交流中，我既从另一个视角了解孩子的状况，又能了解家长管教孩子的方式。对不太妥当的家庭教育方式，我会向家长提出自己的建议，虽然很多时候收效甚微，但最后一定会统一意见：初三阶段要以鼓励为主，尽量减少批评。

在接下来的两个多月，我希望与各位家长共同关注孩子，努力给他们创

造良好的外部环境，同时帮助他们建设健康的内心环境，争取让孩子在中考中取得最佳成绩！

十一、最美好的教育

环境支持人的发展。在此理念的管理下，学生在成长中塑造了优秀的品质：真诚、有责任心、积极努力、自信……这些能力的发展与老师对学生的要求是一致的。班主任所有的工作都应该围绕"为孩子创造适合的发展环境，激发他们自我发展的动力"展开。

在这样的氛围中，学生更容易发现自我，实现自我，只要他们遵守学校纪律以及基本的道德规范、学习的要求，几乎不会受到什么束缚，这样的环境反而让学生有了更多的可塑性。

测试成绩出来了，学习委员马上找到我，说："我去做周一班会的表彰课件！"不一会儿，他就麻利地做完了。班会课，学习委员主持召开了表彰会，班长、副班长为同学们颁发奖状，一切有条不紊。班内部分同学考入了实验班，班委里的班长、体委、团支书、学习委员四员大将缺失，但班委的后备力量是源源不断的，许多学生有更出色的能力，在特定的环境里，他们就会展示出来。我看了一眼班委成员的成绩，多数比较突出，尤其是几个平时在班级管理中任务比较多的班委，成绩更出色。学生的很多能力是一种天赋，老师应该做这种天赋的发掘者、呵护者，对拥有这些天赋能力的学生进行引导，帮助他们更好地实现自我。

"学高为师，身正为范"，"师范"的意义不仅在于学习方法的示范，还在于日常的行为、做事的方式的示范。教学管理中要用好两个示范，一是老师亲自示范，用自己的行为、思考方式给学生示范，使学生受到启发；二是发现学生中的榜样，用榜样来给同学们示范。

1. 老师的示范

班里选出五位团员，选举的规则是什么？这个规则从第一次选拔团员时就明确了标准：首先参考品德纪律，再参考成绩。

每一次选拔都按照这个规则执行，学生非常认可，表面上是一次团员的选拔，其实也是一次管理方式、人生道理的宣示。因此，公平公正的方式给学生的心中留下一股正气，原因是他们的内心深处埋下了正气和公平公正的种子。

学生是老师的影子。我正准备去开班主任会议，班长、副班长找到我说："老师，两周多没有开班委会了，今天得开了吧！"

前两天我有些事，比较忙，班委会一直没时间开。我说："我先去开班主任会，你们召集班委开。"说完，我就去开班主任会了。

开完班主任会回到办公室，眼前的景象让我一惊！9个班委围成一圈，分别向班长汇报职责内出现的问题、处理方式、上次问题的解决情况以及下一步的计划。班长则在一边汇总情况。

这不正是我平时开班委会的情形吗？两年来，学生耳濡目染，他们的能力也在潜移默化地发展，这就是示范的力量！

老师的示范可以体现在很多地方。老师以自己整洁的着装引领学生的着装规范，老师以自己严谨的教学态度影响学生严谨的学习态度，老师以自己的爱心引导学生要有爱心……

一个好的老师就是学生学习的好榜样，所以我们在日常教学管理中要给学生做好榜样。

2. 以榜样为示范

小源是语文课代表，每次来办公室问课，临走时他总是彬彬有礼地说："谢谢老师，老师再见！"并且微微鞠躬。

办公室的老师们无不称赞他有礼貌！班会时，我专门对小源的这种有礼貌、有修养的行为提出表扬。其他同学深受影响，另一位课代表小灵同学，不知从何时起，也开始说："谢谢老师，老师再见！"这就是示范的力量。班主任要有一双善于发现榜样的眼睛，及时发现榜样、树立榜样，通过榜样引领学生的发展，帮助学生树立正确的价值观，学生必会朝着更优秀的方面发展。

如果班主任有一双善于发现的眼睛，班里的榜样太多了！舍己为人、无私奉献的班委成员，珍惜时间刻苦学习的同学，认真打扫宿舍及教室卫生的同学，热心助人的同学……

因此，老师要善于给孩子做好示范，让他们乐观、积极，让真诚、公平正义、道德善良充满他们的世界。

十二、忘记与留存：重要考试前后与学生的谈心

"老师，每当测试的时候我就难受，中午吃不下饭！"一个女生跟我说。

"唉！一模考试可怎么办呢？"她接着说。

"我从这学期开始，每当周测的时候就难以吃下饭……"她继续说。

随着中考临近，学生的心理压力、紧张程度已经到了比较严重的地步。此时，学生需要减压和心理疏导，这就要求老师、家长及时给予学生安慰、鼓励、指导。此时，老师不应过度渲染中考的惨烈。

将学生的恐惧感降到最低，给学生提供最大的安全感，帮助其树立强大的自信心，是老师在一模考试前后至中考期间最重要的任务之一。我也希望各位家长能在这些方面做一些努力，帮助学生保持良好的心态。

1. 少谈竞争及成绩，多关心生活及学习过程

在刚担任班主任时，我会过度渲染中考的惨烈程度，想当然地认为通过这样的方式给学生施加压力，学生就会更加努力。事实是，如果在临近中考前反复强调中考的重要性，往往会在学生原本就有的巨大压力上再给他们压上一块重重的石头。学生不但会因压力过大而不知所措，还会逐渐麻木，对这样的刺激不再敏感。

一模考完之后，我问小宇成绩不理想的原因，他说："老师，考试时我的手不停地抖动，太紧张了……"

另一个学生皱着眉头来找我："老师，我这是怎么回事呢？没想到考得这么不理想！"说着，眼圈就红了。

此时，我的任何话他都能听得进去。可就在上学期，当我跟他交流学习时，他的表情透露出来的是一种无所谓。现在，他完全被现实所惊醒，牢固的防线（自我感觉良好，拒绝批评）彻底崩溃。

在这种紧张的心理状态下，我们所能做的是多安慰鼓励学生，引导他们

分析考试中出现的问题，而不是批评指责。

2. 引导学生戒骄戒躁，谦虚谨慎

一模考完，有些学生因进步而沾沾自喜，有些学生则因为成绩不理想而垂头丧气。

我跟学生说："大家要学会忘记一些东西，也要牢记一些东西，忘记的是你成绩的好坏，牢记的应该是从考试中得到的经验和教训，这样才能从容地面对下次考试。"

"有些同学可能会这样想，自己是否能获得推荐生考试的资格，我认为，杂念太多反而会影响心态，没有想法是最好的想法，大家应该静下心来，扎扎实实做好该做的事情！"

我举了一个例子。

本次考试，小谦同学的数学考了148分。按平时成绩来看，她的数学水平应该是中游水平，而且她还参加了学校舞蹈队的活动，经常占用学习时间，她为什么能考这么高的分数呢？

学生们开始思考。

我说："不知道大家看到没有，小谦学习特别专注、认真，而且非常刻苦，平时大家似乎看不到她闲聊、闲思或做闲事。大家再反观自己，有没有偷懒、闲聊、无所事事的时候？有些同学平时自认为数学成绩不错，别人也认为你成绩不错，但是为何没有考出理想的成绩呢？这是值得思考的问题。"

"最重要的是做事脚踏实地，戒骄戒躁，谦虚谨慎，这样对你有益无害。"我补充说。

通过这种方式跟学生谈心，学生逐步改变了自己的不良习惯，在学习方面有所改观。

3. 注重学习过程，提升熟练度，境界自出

模拟考试结束后，我说："很多同学会有这样的想法——幸好这次是模拟考试，而不是中考！"

很多学生赞同我的说法，因为通过考试他们发现了许多问题，其中最重要的问题就是熟练度不够，这导致不少简单问题出现差错。

我跟学生谈道："数学老师见的题型多，做的题也多，所以当他看到数学题时，很快就能找到解题的方法，这源于大量的训练和积累。同学们也应

如此，将做过的题反复落实，提升熟练度，提升自己的能力。总之，在最后这一个多月里，同学们应该将自己的内心清空，做一个内心纯净而无我的人，专注于复习，大家就会取得一个圆满的结果。"

十三、尊重学生是教育的前提

1. 不要以"爱"的名义来教育

我不喜欢一些所谓的有关教育的爆文，尤其是关于中小学生的文章，其中不乏这样的字眼：原谅父母对你的狠、你现在所受的委屈都是将来的财富……

大多数文章都在以"爱"的名义为对孩子的伤害找借口。不少这样的文章在家长的朋友圈以及老师的朋友圈转发，甚至还被老师发到家长群。

细思极恐。父母、老师对孩子的很多严苛的教育行为是以"爱"的名义来实施的。

"周六日要学学奥数吧！你看，人家小明都在学，否则咱就落到后面了，妈是为你好……"

"不能动手机、电脑，上瘾了怎么办？你看那个谁谁，天天玩，成绩一塌糊涂！"

"罚你三十遍，是为了你好！还不是为了让你记住！"

"成绩好了就能上所好高中、考所好大学，然后就会有好工作，别怪父母逼你！"

"你用看课外书的时间看看语数英多好！"

…………

这些教育类爆文在家长和某些老师的朋友圈流传，一方面透露出大人们对"教育好自己孩子和学生"的强烈愿望，另一方面暴露出家长在教育孩子方面缺乏专业知识。

我曾在班级家长群里做过调查：您是否读过家庭教育类专著或参与过家庭教育培训？

调查问卷显示，多数家长读过一两本关于教育孩子的书，少数家长读过两本以上关于家庭教育类的专著。

因此，我们就明白了为什么很多家长十分渴求一种所谓的"神奇的教育方法"。他们迫切希望拥有一用就灵，一用就能让孩子乖乖就范的方法。有这种想法的主要原因是对教育规律了解的缺失及当下教育状况给他们带来的焦虑。

以"爱"的名义教育孩子，却深深伤害了孩子，家长和老师却还乐此不疲。太多的家长和老师注重了"术"（方法）而忽视了"道"（教育规律）。

不要把所有的教育行为都冠以"爱的名义"，很多时候这样的做法会让孩子变得冷漠、麻木、身心俱疲。

2. 尊重孩子，关注差异

所谓尊重孩子，不仅是尊重孩子的人格，更要尊重孩子的成长规律、尊重孩子的差异性、尊重教育规律，让自己的教育行为符合规律。孩子所经历的教育背景、家庭环境不同，这些因素塑造了孩子不同的心理行为，这是孩子的个性问题，也就是我们常说的差异性。我们在实施教育行为时，既要考虑差异性，也要考虑孩子的共性，努力创设适合每个孩子成长的环境，创设公平、公正、充满爱心与尊重的环境，将犯错视作孩子成长的必经之路，这是助推孩子自觉发展的前提。

不同的孩子犯了相同的错误，但是犯错误的动机却不一定相同，此时需要家长、老师认真分析孩子行为背后的原因，如果采用"一刀切"的方式处理问题，必然会产生许多新的问题。斯金纳说，人类的行为不是对外界刺激做出简单的反应，而是为了得到一定结果的操作性行为。因此，我们要立足于孩子的差异性，有针对性地处理孩子成长过程中出现的问题。

3. 促进孩子自我发展

一棵幼苗即使生长在环境恶劣的地方，它也会努力生长。如果给它阳光、雨露、肥料，那么它就会成长得更健康。孩子的发展到底需要怎样的环境呢？上文提到了公平、公正、充满爱心与尊重，如果再增加一点儿的话，就是家长和老师要充满耐心，以发展变化的眼光看待孩子。

这需要家长和老师正视孩子的错误，以一种温和的方式帮助孩子发展自我认知，帮助学生提升自省意识。在一种较为宽松的环境中，学生会慢慢走上自我发展之路。

举一个例子。小马同学总是大大咧咧，字写得龙飞凤舞，遇到这样的书写，不少老师和他的家长会让他重写。但是我发现小马写字不好的原因除了心态不好、习惯不好之外，另一个原因是他的肢体行动不够协调。在班级队伍跑操的两年多的时间里，他几乎没有几次能踏准步点。小马在与老师交流的时候，手总是不自觉地伸进口袋。我在与他的交流中了解到，他的交流障碍与小学时的一些经历有关。综合小马的这些情况，我没有强迫他必须把字写好，决定给他创设一个低压力、低焦虑、高自由的环境，以降低他的焦虑感。我认为随着时间的推移，他能渐渐发展变化。

果然，小马逐渐发生了变化。首先是他的身体协调性在初三有了极大的变化，跑步节奏基本能跟上其他同学。另一个重要的变化是，他逐渐开始意识到自己书写的问题。初三的一天晚上，我发现他在练习本上用铅笔画了很多小方格，然后认真地把字写在方格内。原来，他认为自己写的字太大，经常写出格，于是开始自觉训练。

是什么改变了他呢？主要是给他创设了相对宽容环境，并以极大的耐心等待他的成长，他在此环境中不断地增强了自我发展的意识。

孩子既有差异性又有共性，在教育过程中，我们需要教育科学理论的强力支撑，同时也要严格要求我们的教育行为符合教育规律。

作为老师，既要做一个教育理论研究者，也要做一个实践者、一个激励大师，更要做一个具有高超管理能力的艺术者。

后 记

宽容和感恩：致我即将毕业的学生

三年前的 9 月 1 日，你们从各自的小学来到稼轩学校。仿佛就在昨天，你们还是一名小学生，从踏入稼轩学校的那一刻就成了一名中学生。三年时光一晃而过，明天，大家就要踏入考场经受中考的洗礼，为成为一名高中生进行最后的冲刺。

大家成长的过程，就是不断成为自己的过程。

你们的家长怀着忐忑、焦虑、期望的心情将大家送入稼轩。我能够体会到家长们矛盾的心情，既想让孩子有一个良好的成长环境，又害怕孩子独自面对陌生环境时受到委屈。

幸运的是，我们在学校组建了一个温暖、团结、有活力、积极向上的集体，每个人都得到了他所应该得到的教育和发展。正是每一位同学的努力，为自己打造了如此好的环境。

我们倡导公平、公正、民主，倡导自我管理、自觉发展，大家不会因为无意的犯错而感到恐惧，但会因此而自觉反思、自我纠正。

三年来，我们的学习不仅仅局限于课本。

初一时，我们去山青世界参加拓展活动，丰富了视野，放松了身心；我们举行了班委选举，大家用自己的选票选出了班级的管理者，亲身体会了公平、公正、民主。

初二时，我们走出校园，采摘草莓，感受自然；我们用一个月的时间准备班级文化节评比活动，每个下午的大课间，大家都沉浸在书法、篆刻、国画、陶艺中，流连忘返，自得其乐；六一儿童节的比萨更是可口、难忘。

初三的秋天，我们在月圆之夜的操场，静静欣赏月下的围子山，吟诵"但愿人长久，千里共婵娟"。还有我们家委会组装的书架，虽然已经是紧张的初三，但是大家还是沉浸在文学艺术的海洋里。今年的六一，我们又一次品尝到美味的比萨，虽然同学们已经十五岁。

三年来，我们的活动多、读的书也多，初三下学期的阅读课大概只有我们沉浸在阅读之中……

自觉发展、自我实现，已经成为大家的自觉目标。在这里，我要再给大家嘱咐几句：

一要感恩父母亲人。是父母亲人给予你们来稼轩学校学习的机会，他们在大家的背后默默付出，虽然有时你觉得自己的父母做得不妥，甚至得不到你的认可，大家也应该怀着一颗宽容之心，换位思考。放下不满与埋怨，多一些宽容和关心。

二感恩老师。传道、授业、解惑，这是老师的职责，老师是我们的引路人，三年的成长离不开各科老师的悉心指导、关心爱护，因此要尊重我们的老师、感恩我们的老师。老师或班主任，对大家可能会有不恰当的批评，但请大家原谅，每个人都会犯错误，就像是我们的成长一样，所以请大家心怀宽容。

三要感恩同学。这个同学可能是你的同桌、舍友、小组成员，可能是你的好朋友，也可能是你最烦的那个人，但此时，我们应该放下所有的芥蒂。我们在同一所学校、同一间教室生活了三年，身体里已经融入了学校和班级的精神，行为举止上也留下了学校班级的印记，我们是一家人，是兄弟姐妹。因此要宽容彼此，感恩彼此。

时间过得真快，三年前，许多同学比我矮，但是现在，所有的同学都比我高了，因此我是最能感受到大家成长的那个人。

我很幸福，因为我见证了成长。我也很幸运，有幸与大家一同成长。

希望同学们能进一步提升自我完善、自我发展的能力，以及提升自我管理的能力，为美好的未来打下坚实的基础！

我想把米歇尔·奥巴马在她的自传《成为》中一段话送给大家：

> 对我来说"成为"并不意味着一定要到达某个位置或者达到某特定目标，相反，我认为"成为"应该是一种前进的状态，一种进化的方式，一种不断朝着更完美的自我奋斗的途径，这条道路没有终点。

2019 年 6 月 10 日